本書係「敦煌文獻系統性保護整理出版工程」項目成果

二〇二一—二〇三五年國家古籍工作規劃重點出版項目

「十四五」國家重點出版物出版規劃項目

國家古籍整理出版專項經費資助項目

中國國家圖書館藏敦煌文獻

中國國家圖書館　編

第六七册

BD00987～BD01005

國家圖書館出版社

DUNHUANG MANUSCRIPTS IN THE NATIONAL LIBRARY OF CHINA

067

BD00987 ~ BD01005

compiled by the

National Library of China

National Library of China Publishing House

顧問　方廣錩　郝春文　榮新江　李際寧

編纂出版　張志清　魏　崇　陳紅彦　殷夢霞　薩仁高娃
謝冬榮　劉　波　林世田　廖生訓

編纂　林世田　薩仁高娃　常蓋心　于　瑞　劉毅超
烏心怡　劉　波　劉炳梅　周升川　劉　婷
程佳羽　沈艷麗　高　雅

編輯　潘　竹　程魯潔　黄　鑫　苗文葉

審稿　孫　彦　耿素麗　宋志英　鄧咏秋

凡例

一　本書刊布中國國家圖書館藏敦煌文獻，以館藏編號爲序編排。

二　館藏編號采用「BD+流水號」格式，如BD00001, BD16579等。背面在編號後加v表示。一個編號包含多件文獻者，編號後分別綴以字母A, B, C等。一件文獻含有多個内容者，以數字-1, -2, -3等標明順序。

三　圖版有縮印或放大處另加説明，尺寸超出本書幅面的以摺葉形式呈現。

四　卷軸裝、梵夾裝、經摺裝等裝幀形制的敦煌文獻，各附外觀圖像。

五　每件文獻依次呈現外觀、正面、背面等。背面僅刊布有文字、圖像或其他要素的圖版，而略去素紙部分，背面圖版同樣以從右到左順序編排。凡有外題者，遵從以上原則。

六　除個别特殊情况外，爲保證閲讀連貫、流暢，圖版儘量通欄呈現。

七　各葉上方附該件文獻全圖，以高亮形式顯示本葉大圖在全卷中的位置。部分長卷文獻全圖衹能分多段呈現時，在上段末以 ❮ 符標示下段接續。卷尾内容不足一葉時，文獻全圖使用該圖卷尾部分，亦以 ❮ 符標示。背面圖版文字與正面文字方向相反時，文獻全圖按原貌顯示，正文翻轉呈現，以便閲讀研究，用 ◎ 符標示。

八　文獻題名大體沿用中國國家圖書館此前所編多部敦煌文獻目録的考證，部分吸收學界最新研究成果略作調整和完善。文獻題名綜合參考原卷首題、尾題、外題確定，如原卷題名與該文獻正式名稱不同，則采用正式名稱；無題名者，或比定題名，或擬定新名。非漢文文獻在題名前標注語種。有分卷不同等其他情况者，括注於文獻名稱後。

九　本書著録使用通行繁體字，涉及原文中的人名、地名等，必要時保留原字形。

About this publication

1. The documents are presented in shelfmark order.
2. The shelfmarks are in the form BD plus a running number, eg. BD00001, BD16579, &c. If a given shelfmark contains multiple documents, these are distinguished by the letters A, B, C, &c. If a document has multiple contents, they are distinguished by the numbering 1, 2, 3, &c. The verso side of an item is indicated by the letter v.
3. If it has been necessary to reduce or enlarge the size of an illustration, the dimensions are indicated. If the size of an illustration exceeds the size of the book, a folding sheet is used.
4. If the document is a scroll, a folded sutra, or has a stitched binding, a picture of the whole object is provided to show its external appearance.
5. The cover, front, and back of each document are reproduced in sequence. The back of a document is only reproduced if it contains text, illustrations, or other markings, and it is oriented from right to left. If it is blank it is not reproduced.
6. Except in a few special cases, the lines of text are reproduced unbroken to make them coherent and easier to read.
7. An illustration of the complete document is reproduced at the top of each page, and the section where the main illustration appears is highlighted in order to indicate its position. If it has only been possible to reproduce a long scroll in sections, the direction symbol has been used to indicate where one illustration ends and the next one begins. If the end of the scroll occupies less than one page, the direction symbol is used to indicate its position in the illustration of the complete document. If the text on the back of the document has a different orientation from the text on the front, it is reproduced as it is, but is also rotated (indicated with the rotation symbol) so that it can be read easily.
8. The titles of the documents generally conform with those already established by the Library, but in some cases have been amended by drawing on the most recent scholarly research. The titles are derived firstly from the beginning of the text, then from the end of the text, and lastly from the cover. If the title of a document differs from its authoritative form, the authoritative form is used; and if a document has no title, one is either supplied by comparison with similar documents, or a new one is devised. If the document is not in Chinese, its language is indicated before the title. If the number of juan is different from that of the authoritative version, or if there are other irregularities, this is noted.
9. The documents in the book are in traditional Chinese characters. Where the title contains personal or place names, the original characters used for these names are retained.

(Translated by David Helliwell)

第六七册目録

BD00987 大般若波羅蜜多經卷七四

（唐）玄奘 譯

399.5cm × 25.2cm

訶薩脩行般若波羅蜜多觀諸法時見佛十
力无生畢竟淨故見四无所畏四无礙解大
慈大悲大喜大捨十八佛不共法无生畢竟
淨故世尊諸菩薩摩訶薩脩行般若波羅蜜
多觀諸法時見一切智无生畢竟淨故見道
相智一切相智无生畢竟淨故世尊諸菩薩
摩訶薩脩行般若波羅蜜多觀諸法時見无
忘失法无生畢竟淨故見恒住捨性无生畢
竟淨故世尊諸菩薩摩訶薩脩行般若波
羅蜜多觀諸法時見一切陁羅尼門无生畢竟
淨故見一切三摩地門无生畢竟淨故世尊
諸菩薩摩訶薩脩行般若波羅蜜多觀諸法
時見異生无生畢竟淨故見異生法无生畢
竟淨故世尊諸菩薩摩訶薩脩行般若波羅
蜜多觀諸法時見預流无生畢竟淨故見預

㴱法无生畢竟淨故世尊諸菩薩摩訶薩脩
行般若波羅蜜多觀諸法時見一来无生畢
竟淨故見一来法无生畢竟淨故世尊諸菩
薩摩訶薩脩行般若波羅蜜多觀諸法時見
不還无生畢竟淨故見不還法无生畢竟淨
故世尊諸菩薩摩訶薩脩行般若波羅蜜多
觀諸法時見阿羅漢无生畢竟淨故見阿羅
漢法无生畢竟淨故世尊諸菩薩摩訶薩脩
行般若波羅蜜多觀諸法時見獨覺无生畢
竟淨故見獨覺法无生畢竟淨故世尊諸菩
薩摩訶薩脩行般若波羅蜜多觀諸法時見
菩薩无生畢竟淨故見菩薩法无生畢竟淨
故世尊諸菩薩摩訶薩脩行般若波羅蜜多
觀諸法時見如来无生畢竟淨故見如来法
无生畢竟淨故

BD00987 大般若波羅蜜多經卷七四

无生畢竟淨故
時舍利子謂善現言如我解仁者所說義我
有情等无生色受等无生乃至如來如來法
无生若如是者六趣受生應无差別不應預
流得預流果一來得一來果不還得不還果
阿羅漢得阿羅漢果不應獨覺得獨覺菩提
不應菩薩摩訶薩得一切相智亦不應得五
種菩提復次善現若一切法定无生者何緣
預流為預流果脩斷三結道何緣一來為一
來果脩薄貪瞋癡道何緣不還為不還果脩
斷五順下分結道何緣阿羅漢為阿羅漢果
脩斷五順上分結道何緣獨覺為獨覺菩提
脩悟緣起道何緣菩薩摩訶薩為度无量諸
有情故脩多百千難行苦行備受无邊種種
劇苦何緣如來證得无上正等菩提何緣諸

佛爲利情故轉妙法輪
尒時具壽善現荅舍利子言非我於无生法
中見有六趣受生差別非我於无生法中見
有能入諦現觀者非我於无生法中見有預
流得預流果一來得一來果不還得不還果
阿羅漢得阿羅漢果非我於无生法中見有
獨覺得獨覺菩提非我於无生法中見有菩
薩摩訶薩得一切相智及五種菩提復次舍
利子非我於无生法中見有預流爲預流果
脩斷三結道非我於无生法中見有一來爲
一來果脩薄貪瞋癡道非我於无生法中見
有不還爲不還果脩斷五順下分結道非我
於无生法中見有阿羅漢爲阿羅漢果脩斷
五順上分結道非我於无生法中見有獨覺
爲獨覺菩提脩悟緣起道非我於无生法中

BD00987　大般若波羅蜜多經卷七四

為獨覺菩提脩悟緣起道非我於无生法中
見有菩薩摩訶薩為度无量諸有情故脩多
百千難行苦行備受无邊種種劇苦而諸菩
薩摩訶薩亦復不起難行苦行想所以者何
非住難行苦行想能為无量无數无邊有情
作饒益事舍利子然諸菩薩摩訶薩以无所
得而為方便於一切有情起大悲心住如父
母想如兄弟想如妻子想如己身想如是乃
能為无量无數无邊有情作大饒益舍利子
諸菩薩摩訶薩應作是心如我自性於一切
法以一切種一切處一切時求不可得內外諸
法亦復如是都无所有皆不可得何以故
諸菩薩摩訶薩若住此想脩難行苦行便能
饒益无量无數无邊有情是故菩薩摩訶薩
於一切法應无執受舍利子非我於无生法

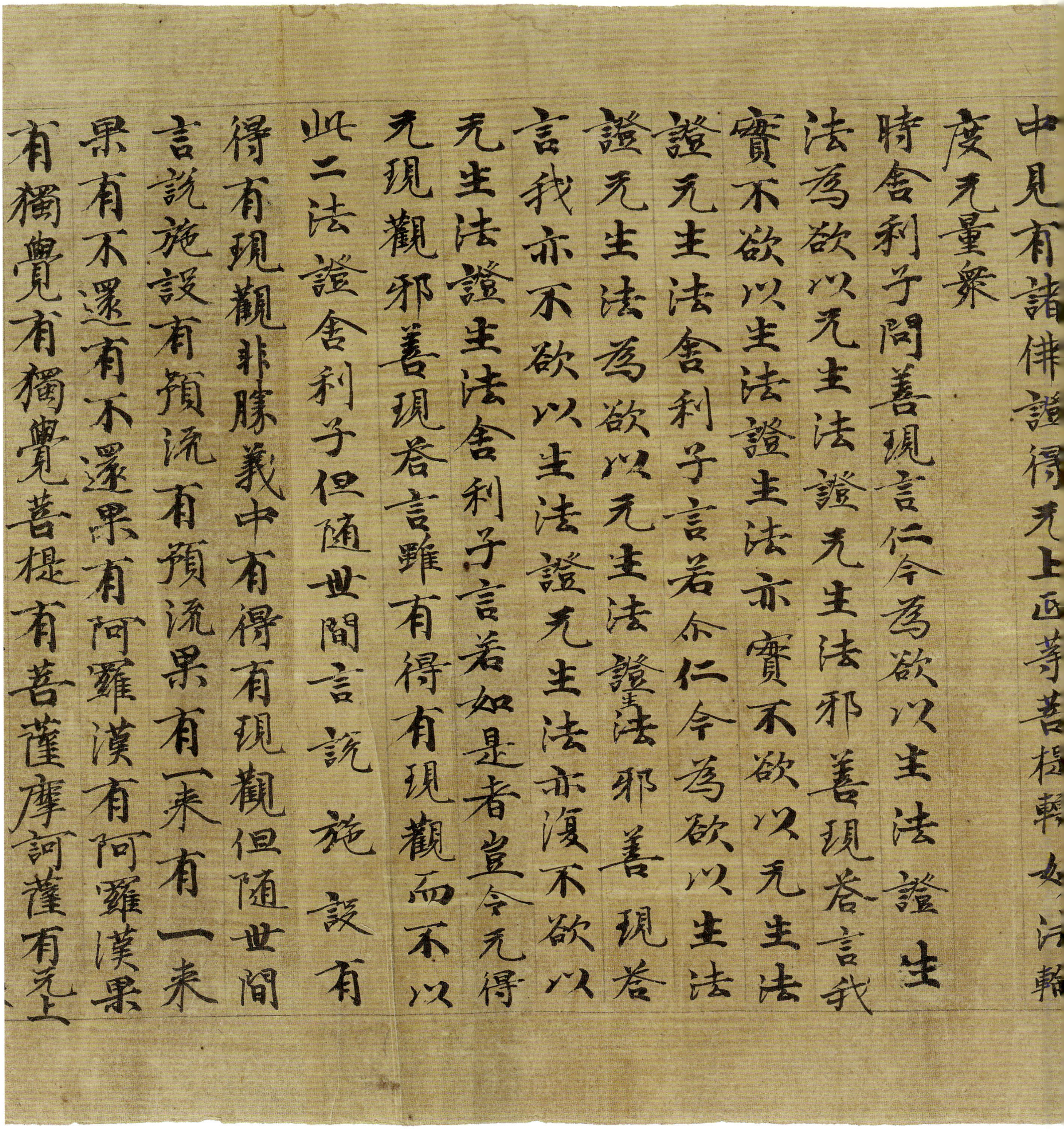

中見有諸佛證得无上正等菩提轉妙法輪
度无量衆
時舍利子問善現言仁今為欲以生法證生
法為欲以无生法證无生法耶善現荅言我
實不欲以生法證生法亦實不欲以无生法
證无生法舍利子言若尒仁今為欲以生法
證无生法為欲以无生法證生法耶善現荅
言我亦不欲以生法證无生法亦復不欲以
无生法證生法舍利子言若如是者豈今无得
无現觀耶善現荅言雖有得有現觀而不以
此二法證舍利子但随世間言說施設有
得有現觀非勝義中有得有現觀但随世間
言說施設有預流有預流果有一來有一來
果有不還有不還果有阿羅漢有阿羅漢果
有獨覺有獨覺菩提有菩薩摩訶薩有无上

BD00987　大般若波羅蜜多經卷七四

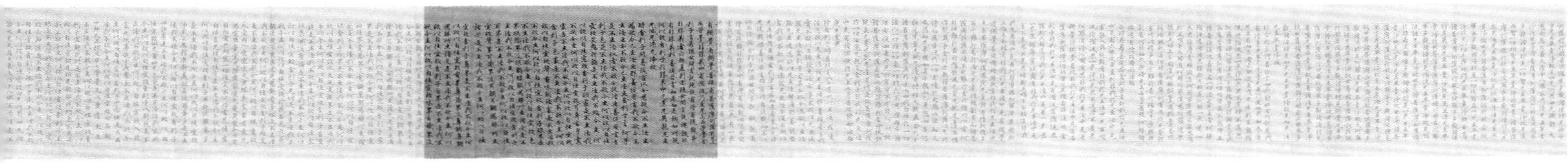

有獨覺有獨覺菩提有菩薩摩訶薩有无上
正等覺非勝義中有預流乃至无上正等覺舍
利子言若隨世間言説施設有得有現觀等
非勝義者六趣差別亦隨世間言説施設故
有非勝義耶善現荅言如是如是誠如所説
何以故舍利子於勝義中无業无異熟无生
无滅无染无淨故
時舍利子問善現言仁今爲欲令不生法生
爲欲令已生法生耶善現荅言我不欲令不
生法生亦不欲令已生法生舍利子言何等
是不生法仁者不欲令彼法生善現荅言舍
利子色是不生法我不欲令生何以故以自性
空故受想行識是不生法我不欲令生何
以故以自性空故舍利子眼處是不生法我
不欲令生何以故以自性空故耳鼻舌身意

處是不生法我不欲令生何以故以自性空故
舍利子色處是不生法我不欲令生何以
故以自性空故聲香味觸法處是不生法我
不欲令生何以故以自性空故舍利子眼界是
不生法我不欲令生何以故以自性空故色
界眼識界及眼觸眼觸爲緣所生諸受是不
生法我不欲令生何以故以自性空故舍利子
耳界是不生法我不欲令生何以故以自性
空故聲界耳識界及耳觸耳觸爲緣所生
諸受是不生法我不欲令生何以故以自性
空故舍利子鼻界是不生法我不欲令生何
以故以自性空故香界鼻識界及鼻觸鼻觸
爲緣所生諸受是不生法我不欲令生何以
故以自性空故舍利子舌界是不生法我不
欲令生何以故以自性空故味界舌識界及

欲令生何以故以自性空故味界舌識界及
舌觸舌觸爲緣所生諸受是不生法我不欲
令生何以故以自性空故舍利子身界是不生
法我不欲令生何以故以自性空故觸界身
識界及身觸身觸爲緣所生諸受是不生法
我不欲令生何以故以自性空故舍利子意
界是不生法我不欲令生何以故以自性空
故法界意識界及意觸意觸爲緣所生諸
受是不生法我不欲令生何以故以自性空
故舍利子地界是不生法我不欲令生何以
故以自性空故水火風空識界是不生法我
不欲令生何以故以自性空故舍利子苦聖
諦是不生法我不欲令生何以故以自性空
故集滅道聖諦是不生法我不欲令生何以
故以自性空故舍利子无明是不生法我不

名令生何以故以自性空故行識名色六處
觸受愛取有生老死愁歎苦憂惱是不生法
我不欲令生何以故以自性空故舍利子內空
是不生法我不欲令生何以故以自性空故
外空內外空空空大空勝義空有為空无
為空畢竟空无際空散空无變異空本性空
自相空共相空一切法空不可得空无性空
自性空无性自性空是不生法我不欲令生
何以故以自性空故舍利子布施波羅蜜多
是不生法我不欲令生何以故以自性空故
淨戒安忍精進靜慮般若波羅蜜多是不生
法我不欲令生何以故以自性空故舍利子
四靜慮是不生法我不欲令生何以故以自
性空故四无量四无色定是不生法法我不欲
令生何以故以自性空故舍利子八解脫是不

性空故
令生何以故以自性空故舍利子八解脱是不
生法我不欲令生何以故以自性空故八勝
處九次第定十遍處是不生法我不欲令
生何以故以自性空故舍利子四念住是不生
法我不欲令生何以故以自性空故四正斷
四神足五根五力七等覺支八聖道支是
不生法我不欲令生何以故以自性空故舍
利子空解脱門是不生法我不欲令生何以
故以自性空故无相无願解脱門是不生法
我不欲令生何以故以自性空故舍利子五
眼是不生法我不欲令生何以故以自性空
故六神通是不生法我不欲令生何以故以
自性空故舍利子佛十力是不生法我不欲
令生何以故以自性空故四无所畏四无礙
解大慈大悲大喜大捨十八佛不共法是不

生法我不欲令生何以故以自性空故舍利
子一切智是不生法我不欲令生何以故以
自性空故道相智一切相智是不生法我不
欲令生何以故以自性空故舍利子无忘失
法是不生法我不欲令生何以故以自性空
故恒住捨性是不生法我不欲令生何以故
以自性空故舍利子一切陁羅尼門是不生
法我不欲令生何以故以自性空故一切三
摩地門是不生法我不欲令生何以故以自
性空故舍利子異生是不生法我不欲令生
何以故以自性空故異生法是不生法我不
欲令生何以故以自性空故舍利子預流是
不生法我不欲令生何以故以自性空故預
流法是不生法我不欲令生何以故以自性
空故舍利子一來是不生法我不欲令生何

流法是不生法我不欲令生何以故以自性
空故舍利子一來是不生法我不欲令生何
以故以自性空故一來法是不生法我不欲
令生何以故以自性空故舍利子不還是不
生法我不欲令生何以故以自性空故不還
法是不生法我不欲令生何以故以自性空
故舍利子阿羅漢是不生法我不欲令生
何以故以自性空故阿羅漢法是不生法我不
欲令生何以故以自性空故舍利子獨覺是
不生法我不欲令生何以故以自性空故獨
覺法是不生法我不欲令生何以故以自性
空故舍利子菩薩是不生法我不欲令生何
以故以自性空故菩薩法是不生法我不欲
令生何以故以自性空故舍利子如來是不
生法我不欲令生何以故以自性空故如來

法是不生法我不欲令生何以故以自性空
故
舍利子言何等是已生法仁者不欲令彼
法生善現荅言色是已生法我不欲令生何以
故以自性空故受想行識是已生法我不欲
令生何以故以自性空故舍利子眼處是已
生法我不欲令生何以故以自性空故耳鼻
舌身意處是已生法我不欲令生何以故以
自性空故舍利子色處是已生法我不欲令
生何以故以自性空故聲香味觸法處是已
生法我不欲令生何以故以自性空故舍利
子眼界是已生法我不欲令生何以故以自
性空故色界眼識界及眼觸眼觸為緣所生諸
受是已生法我不欲令生何以故以自性空

BD00987　大般若波羅蜜多經卷七四

性空故

受是已生法我不欲令生何以故以自性空
故舍利子耳界是已生法我不欲令生何以
故以自性空故聲界耳識界及耳觸耳觸為
緣所生諸受是已生法我不欲令生何以故
以自性空故舍利子鼻界是已生法我不欲
令生何以故以自性空故香界鼻識界及鼻
觸鼻觸為緣所生諸受是已生法我不欲令
生何以故以自性空故舍利子舌界是已生
法我不欲令生何以故以自性空故味界舌
識界及舌觸舌觸為緣所生諸受是已生法
我不欲令生何以故以自性空故舍利子身
界是已生法我不欲令生何以故以自性空
故觸界身識界及身觸身觸為緣所生諸受
是已生去我不欲令生可以故以自性空故

舍利子意界是已生法我不欲令生何以故
以自性空故法界意識界及意觸意觸為緣
所生諸受是已生法我不欲令生何以故以自
性空故舍利子地界是已生法我不欲令
生何以故以自性空故水火風空識界是已
生法我不欲令生何以故以自性空故舍利
子苦聖諦是已生法我不欲令生何以故以
自性空故集滅道聖諦是已生滅我不欲令
生何以故以自性空故舍利子无明是已生
法我不欲令生何以故以自性空故行識名
色六處觸受愛取有生老死愁歎苦憂惱是
已生法我不欲令生何以故以自性空故舍
利子內空是已生法我不欲令生何以故以
自性空故外空內外空空空大空勝義空有

自性空故外空內外空空空大空勝義空有
為空无為空畢竟空无際空散空无變異空
本性空自相空共相空一切法空不可得空
无性空自性空无性自性空是已生法我不
欲令生何以故以自性空故

大般若波羅蜜多經卷第七十四

比丘智聡寫

BD00988 大般若波羅蜜多經卷三一三

（唐）玄奘 譯

110.3cm × 25.9cm

如彼所分別何以故
非至此彼岸是布施波羅蜜多相故淨戒波
羅蜜多中无如是分別亦不如彼所分別何
以故非至此彼岸是淨戒波羅蜜多相故安
忍波羅蜜多中无如是分別亦不如彼所分
別何以故非至此彼岸是安忍波羅蜜多相
故精進波羅蜜多中无如是分別亦不如彼
所分別何以故非至此彼岸是精進波羅蜜
多相故靜慮波羅蜜多中无如是分別亦不
如彼所分別何以故非至此彼岸是靜慮波
羅蜜多相故般若波羅蜜多中无如是分別
亦不如彼所分別何以故非至此彼岸是般
若波羅蜜多相故
善現此菩薩[illegible][illegible]時如實不知此岸彼岸相

故不能攝受布施波羅蜜多不能攝受淨戒
安忍精進靜慮般若波羅蜜多不能攝受方
便善巧不能攝受内空不能攝受外空内外
空空空大空勝義空有為空无為空畢竟空
无際空散空无變異空本性空自相空共相
空一切法空不可得空无性空自性空无性
自性空不能攝受真如不能攝受法界法性
不虛妄性不變異性平等性離生性法定法
住實際虛空界不思議界不能攝受苦聖諦
不能攝受集滅道聖諦不能攝受四靜慮不
能攝受四无量四无色定不能攝受八解脫
不能攝受八勝處九次第定十遍處不能攝
受四念住不能攝受四正斷四神足五根五
力七等覺支八聖道支不能攝受空解脫門
不能攝受无相无願解脫門不能攝受

BD00988　大般若波羅蜜多經卷三一三

受四念住不能攝受四正斷四神足五根五
力七等覺支八聖道支不能攝受空解脫門
不能攝受无相无願解脫門不能攝受菩薩
十地不能攝受五眼不能攝受六神通不能
攝受佛十力不能攝受四无所畏四无礙解
大慈大悲大喜大捨十八佛不共法不能攝
受无忘失法不能攝受恒住捨性不能攝受
一切智不能攝受道相智一切相智不能攝
受一切陁羅尼門不能攝受一切三摩地門
不能攝受一切菩薩摩訶薩行不能攝受諸
佛无上正等菩提善現由是因緣此菩薩乘
補特伽羅墮聲聞地或獨覺地不證无上正
等菩提
如是善現住菩薩乘諸善男子善女人等由
不攝受甚深般若波羅蜜多亦不攝受方便

善巧故退墮聲聞及獨覺地不證无上正等
菩提
尒時具壽善現白佛言世尊云何住菩薩乘
諸善男子善女人等以能攝受甚深般若波
羅蜜多亦能攝受方便善巧故不墮聲聞及
獨覺地疾證无上正等菩提佛言善現有菩
薩乘諸善男子善女人等從初發心離我我
所執脩行布施波羅蜜多離我我所執脩行
淨戒波羅蜜多離我我所執脩行安忍波羅
蜜多離我我所執脩行精進波羅蜜多離我
我所執脩行靜慮波羅蜜多離我我所執脩
行般若波羅蜜多善現此善男子善女人等
脩布施時不作是念我能行施彼受我所施
我施如是物脩淨戒時不作是念我能持戒
戒是我所持我持此戒脩安忍時不作是

我施如是物脩淨戒時不作是念我能持戒
戒是我所持我成就是戒脩安忍時不作是
念我能脩忍彼是我所忍我成就是忍脩精
進時不作是念我能精進我為此精進我具
是精進脩靜慮時不作是念我能脩定我為
此脩定我成就是定脩般若時不作是念我
能脩慧我為此脩慧我成就是慧復次善現
此菩薩乘諸善男子善女人等脩布施時不
執有布施不執由此布施不執布施為我所
脩淨戒時不執有淨戒不執由此淨戒不執
淨戒為我所脩安忍時不執有安忍不執由

BD00989 妙法蓮華經卷一

（後秦）鳩摩羅什 譯

913.1cm × 25.3cm

眷屬
一人俱羅睺羅母耶……丘尼亦與眷
屬俱菩薩摩訶薩八万人皆於阿耨多羅三
藐三菩提不退轉皆得陁羅尼樂說辯才轉
不退轉法輪供養无量百千諸佛於諸佛所
殖衆德本常為諸佛之所稱歎以慈修
善入佛慧通達大智到於彼岸名稱……
无量世界能度无數百千……生其名曰文
利菩薩觀世音菩……菩薩常精進菩
薩不休息菩薩寶掌菩薩藥王菩薩勇施菩
薩寶月菩薩月光菩薩滿月菩薩大力菩薩
无量力菩薩越三界菩薩跋陁婆羅菩薩弥
勒菩薩寶積菩薩導師菩薩如是等菩薩
摩訶薩八万人俱

尒時釋提桓因與其眷屬二万天子俱復有
名月天子普香天子寶光天子四大天王與
其眷屬万天子俱自在天子大自在天子與
其眷屬三万天子俱娑婆世界主梵天王
棄大梵光明大梵等與其眷屬万二千天子
俱有八龍王難陀龍王跋難陀龍王娑伽羅
龍王和脩吉龍王德叉迦龍王阿那婆達多
龍王摩那斯龍王漚鉢羅龍王等各與若干
百千眷屬俱有四緊那羅王法緊那羅王妙
法緊那羅王大法緊那羅王持法緊那羅王
各與若干百千眷屬俱有四乾闥婆王樂乾
闥婆王樂音乾闥婆王美乾闥婆王美音乾
闥婆王各與若干百千眷屬俱有四阿脩羅
王婆稚阿脩羅王佉羅騫䭾阿脩羅王毗摩

闥婆王樂音乾闥婆王美乾闥婆王美音乾
闥婆王各與若干百千眷屬俱有四阿脩羅
王婆稚阿脩羅王佉羅騫馱阿脩羅王毗摩
質多羅阿脩羅王羅睺阿脩羅王各與若
干百千眷屬俱有四迦樓羅王大威德迦樓
羅王大身迦樓羅王大滿迦樓羅王如意迦
樓羅王各與若干百千眷屬俱韋提希子
阿闍世王與若干百千眷屬俱各礼佛足退
坐一面
尒時世尊四衆圍繞供養恭敬尊重讚歎
爲諸菩薩說大乘經名无量義教菩薩法
佛所護念佛說此經已結跏趺坐入於无量義
處三昧身心不動是時天雨曼陁羅華摩訶
曼陁羅華曼殊沙華摩訶曼殊沙華而散佛

上及諸大衆普佛世界六種震動尒時會中比
丘比丘尼優婆塞優婆夷天龍夜叉乹闥婆
阿脩羅迦樓羅緊那羅摩睺羅伽人非人等
及諸小王轉輪聖王是諸大衆得未曾有歡
喜合掌一心觀佛尒時佛放眉間白毫相
光照于東方万八千世界靡不周遍下至阿鼻
地獄上至阿迦膩吒天於此世界盡見彼土
六趣衆生又見彼土現在諸佛及聞諸佛所
說經法并見彼諸比丘比丘尼優婆塞優婆
夷諸脩行得道者復見諸菩薩摩訶薩種
種因緣種種信解種種相貌行菩薩道復見諸
佛般涅槃者復見諸佛般涅槃後以佛舍利
起七寶塔尒時弥勒菩薩作是念今者世尊
現神變相以何因緣而有此瑞今佛世尊入

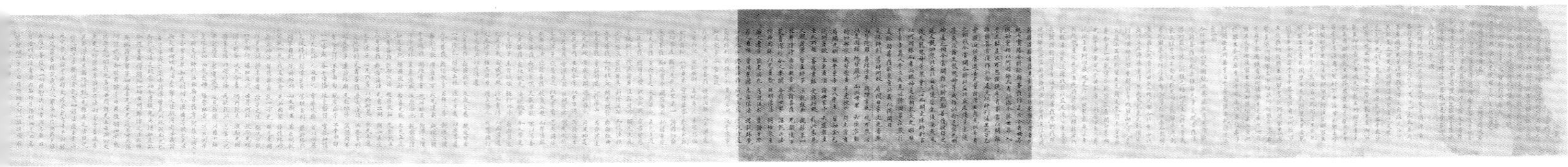

佛般涅槃者復見諸佛般涅槃後以佛舍利
起七寶塔尒時弥勒菩薩作是念今者世尊
現神變相以何因緣而有此瑞今佛世尊入
于三昧是不可思議現希有事當以問誰
誰能荅者復作此念是文殊師利法王之子已
曾親近供養過去无量諸佛必應見此希有
之相我今當問尒時比丘比丘尼優婆塞優
婆夷及諸天龍鬼神等咸作此念是佛光明
神通之相今當問誰尒時弥勒菩薩欲自決
疑又觀四衆比丘比丘尼優婆塞優婆夷及
諸天龍鬼神等衆會之心而問文殊師利言
以何因緣而有此瑞神通之相放大光明照
于東方萬八千土悉見彼佛國界莊嚴於
是弥勒菩薩欲重宣此義以偈問曰

文殊師利 導師何故 眉間白豪 大光普照
雨曼陀羅 曼殊沙華 旃檀香風 悅可衆心
以是因緣 地皆嚴淨 而此世界 六種震動
時四部衆 咸皆歡喜 身意快然 得未曾有
眉間光明 照于東方 万八千土 皆如金色
從阿鼻獄 上至有頂 諸世界中 六道衆生
生死所趣 善惡業緣 受報好醜 於此悉見
又覩諸佛 聖主師子 演說經典 微妙第一
其聲清淨 出柔軟音 教諸菩薩 无數億万
梵音深妙 令人樂聞 各於世界 講說正法
種種因緣 以无量喻 照明佛法 開悟衆生
若人遭苦 猒老病死 為說涅槃 盡諸苦際
若人有福 曾供養佛 志求勝法 為說緣覺
若有佛子 修種種行 求无上慧 為說淨道

BD00989　妙法蓮華經卷一

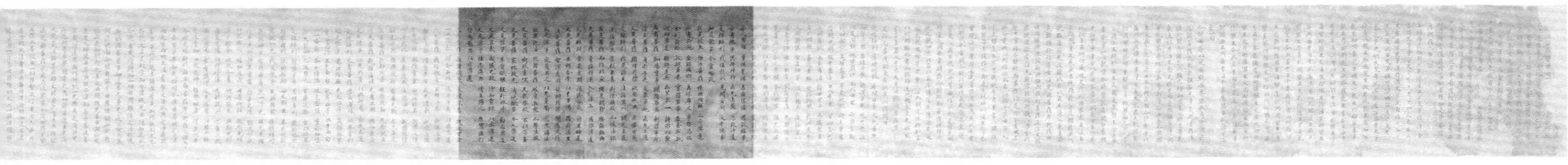

若人遭苦　厭老病死　為說涅槃　盡諸苦際
若人有福　曾供養佛　志求勝法　為說緣覺
若有佛子　修種種行　求无上慧　為說淨道
文殊師利　我住於此　見聞若斯　及千億事
如是衆多　今當略說
我見彼土　恒沙菩薩　種種因緣　而求佛道
或有行施　金銀珊瑚　真珠摩尼　車璖馬瑙
金剛諸珎　奴婢車乘　寶餝輦轝　歡喜布施
迴向佛道　願得是乘　三界第一　諸佛所歎
或有菩薩　駟馬寶車　欄楯華蓋　軒餝布施
復見菩薩　身肉手足　及妻子施　求无上道
又見菩薩　頭目身體　欣樂施與　求佛智慧
文殊師利　我見諸王　往詣佛所　問无上道
便捨樂土　宮殿臣妾　剃除鬚髮　而披法服

或見菩薩　而作比丘　獨處閑靜　樂誦經典
又見菩薩　勇猛精進　入於深山　思惟佛道
又見離欲　常處空閑　深修禪定　得五神通
又見菩薩　安禪合掌　以千万偈　讚諸法王
復見菩薩　智深志固　能問諸佛　聞悉受持
又見佛子　定慧具足　以无量喻　為眾講法
欣樂說法　化諸菩薩　破魔兵眾　而擊法鼓
又見菩薩　寂然宴默　天龍恭敬　不以為喜
又見菩薩　處林放光　濟地獄苦　令入佛道
又見佛子　未嘗睡眠　經行林中　勤求佛道
又見具戒　威儀无缺　淨如寶珠　以求佛道
又見佛子　住忍辱力　增上慢人　惡罵捶打
皆悉能忍　以求佛道
又見菩薩　離諸戲笑　及癡眷屬　親近智者

又見佛子 住忍辱力 增上慢人 惡罵捶打
皆悉能忍 以求佛道
又見菩薩 離諸戲笑 及癡眷屬 親近智者
一心除亂 攝念山林 億千万歲 以求佛道
或見菩薩 餚膳飲食 百種湯藥 施佛及僧
名衣上服 價直千万 或无價衣 施佛及僧
千万億種 旃檀寶舍 衆妙卧具 施佛及僧
清淨園林 華菓茂盛 流泉浴池 施佛及僧
如是等施 種種微妙 歡喜无猒 求无上道
或有菩薩 說寂滅法 種種教詔 无數衆生
或見菩薩 觀諸法性 无有二相 猶如虛空
又見佛子 心无所著 以此妙慧 求无上道
文殊師利 又有菩薩 佛滅度後 供養舍利
又見佛子 造諸塔廟 无數恒沙 嚴飾國界

寶塔高妙　五千由旬　縱廣正等　二千由旬
一一塔廟　各千幢幡　珠交露幔　寶鈴和鳴
諸天龍神　人及非人　香華伎樂　常以供養
文殊師利　諸佛子等　為供舍利　嚴飾塔廟
國界自然　殊特妙好　如天樹王　其華開敷
佛放一光　我及眾會　見此國界　種種殊妙
諸佛神力　智慧希有　放一淨光　照无量國
我等見此　得未曾有　佛子文殊　願決眾疑
四眾欣仰　瞻仁及我　世尊何故　放斯光明
佛子時答　決疑令喜　何所饒益　演斯光明
佛坐道場　所得妙法　為欲說此　為當授記
示諸佛土　眾寶嚴淨　及見諸佛　此非小緣
文殊當知　四眾龍神　瞻察仁者　為說何等
尒時文殊師利語彌勒菩薩摩訶薩及諸大士

示諸佛土 衆寶嚴淨 及見諸佛 此非小緣
文殊當知 四衆龍神 瞻察仁者 爲說何等
尒時文殊師利語彌勒菩薩摩訶薩及諸大
士善男子等如我惟忖今佛世尊欲說大法
雨大法雨吹大法蠡擊大法鼓演大法義諸
善男子我於過去諸佛曾見此瑞放斯光已
即說大法是故當知今佛現光亦復如是欲
令衆生咸得聞知一切世間難信之法故現
斯瑞諸善男子如過去无量无邊不可思議
阿僧祇劫尒時有佛号日月燈明如來應
供正遍知明行足善逝世間解无上士調御丈
夫天人師佛世尊演說正法初善中善後善
其義深遠其語巧妙純一无雜具足清白梵
行之相爲求聲聞者說應四諦法度生老病

死究竟涅槃爲求辟支佛者說應十二因緣
法爲諸菩薩說應六波羅蜜令得阿耨多羅
三藐三菩提成一切種智次復有佛亦名日
月燈明次復有佛亦名日月燈明如是二萬
佛皆同一字号日月燈明又同一姓姓頗羅
墮弥勒當知初佛後佛皆同一字名日月燈
明十号具足所可說法初中後善其最後佛
未出家時有八王子一名有意二名善意三
名无量意四名寶意五名增意六名除疑意
七名響意八名法意是八王子威德自在各
領四天下是諸王子聞父出家得阿耨多羅
三藐三菩提悉捨王位亦隨出家發大乘意
常脩梵行皆爲法師已於千万佛所殖諸善

常脩梵行皆為法師已於千万佛所殖諸善
本是時日月燈明佛說大乘經名无量義教
菩薩法佛所護念說是經已即於大衆中結
跏趺坐入於无量義處三昧身心不動是時
天雨曼陁羅華摩訶曼陁羅華曼殊沙華
摩訶曼殊沙華而散佛上及諸大衆普佛世
界六種震動尒時會中比丘比丘尼優婆塞優
婆夷天龍夜叉乹闥婆阿脩羅迦樓羅緊那
羅摩睺羅伽人非人等及諸小王轉輪聖王
等是諸大衆得未曾有歡喜合掌一心觀佛
尒時如来放眉間白豪相光照東方萬八千
佛土靡不周遍如今所見是諸佛土彌勒當
知尒時會中有二十億菩薩樂欲聽法是諸

菩薩見此光明普照佛土得未曾有欲知此
光所為因緣時有菩薩名曰妙光有八百弟
子是時日月燈明佛從三昧起因妙光菩薩
說大乘經名妙法蓮華教菩薩法佛所護念
六十小劫不起于座時會聽者亦坐一處六
十小劫身心不動聽佛所說謂如食頃是時
衆中无有一人若身若心而生懈惓日月燈
佛於六十小劫中說是經已即於梵魔沙門
婆羅門及天人阿脩羅衆中而宣此言如來
於今日中夜當入无餘涅槃時有菩薩名曰
德藏日月燈明佛即授其記告諸比丘是德
藏菩薩次當作佛号曰淨身多陁阿伽度阿
羅訶三藐三佛陁佛授記已便於中夜入於
涅槃佛滅度後妙光菩薩持妙法蓮華經滿

羅訶三藐三佛陁佛授記已便於中夜入於
涅槃佛滅度後妙光菩薩持妙法蓮華經滿
八十小劫為人演說日月燈明佛八子皆師
妙光妙光教化令其堅固阿耨多羅三藐三
菩提是諸王子供養无量百千万億佛已皆
成佛道其最後成佛者名曰然燈八百弟子
中有一人号曰求名貪著利養雖復讀誦衆
經而不通利多所忘失故号求名是人亦以
種諸善根因緣故得值无量百千萬億諸佛
供養恭敬尊重讚歎彌勒當知尒時妙光菩
薩豈異人乎我身是也求名菩薩汝身是也
今見此瑞與本无異是故惟忖今日如来當
說大乘經名妙法蓮華教菩薩法佛所護念

尒時文殊師利於大衆中欲重宣此義而說
偈言
我念過去世　无量无數劫　有佛人中尊　号日月燈明
世尊演說法　度无量衆生　无數億菩薩　令入佛智慧
佛未出家時　所生八王子　見大聖出家　亦隨修梵行
時佛說大乘　經名无量義　於諸大衆中　而為廣分別
佛說此經已　即於法座上　跏趺坐三昧　名无量義處
天雨曼陁華　天鼓自然鳴　諸天龍鬼神　供養人中尊
一切諸佛土　即時大震動　佛放眉間光　現諸希有事
此光照東方　萬八千佛土　示一切衆生　生死業報處
有見諸佛土　以衆寶莊嚴　琉璃頗梨色　斯由佛光照
及見諸天人　龍神夜叉衆　乾闥緊那羅　各供養其佛
又見諸如來　自然成佛道　身色如金山　端嚴甚微妙
如淨琉璃中　內現真金像　世尊在大衆　敷演深法義

又見諸如來　自然成佛道　身色如金山　端嚴甚微妙
如淨琉璃中　內現真金像　世尊在大衆　敷演深法義
一一諸佛土　聲聞衆无數　因佛光所照　悉見彼大衆
或有諸比丘　在於山林中　精進持淨戒　猶如護明珠
又見諸菩薩　行施忍辱等　其數如恒沙　斯由佛光照
又見諸菩薩　深入諸禪定　身心寂不動　以求无上道
又見諸菩薩　知法寂滅相　各於其國土　說法求佛道
尒時四部衆　見日月燈佛　現大神通力　其心皆歡喜
各各自相問　是事何因緣　天人所奉尊　適從三昧起
讚妙光菩薩　汝爲世間眼　一切所歸信　能奉持法藏
如我所說法　唯汝能證知　世尊既讚歎　令妙光歡喜
說是法華經　滿六十小劫　不起於此座　所說上妙法
是妙光法師　悉皆能受持　佛說是法華　令衆歡喜已
尋即於是日　告於天人衆　諸法實相義　已爲汝略說

我今於中夜 當入於涅槃 汝一心精進 當離於放逸
諸佛甚難值 億劫時一遇 世尊諸子等 聞佛入涅槃
各各懷悲惱 佛滅一何速 聖主法之王 安慰无量衆
我若滅度時 汝等勿憂怖 是德藏菩薩 於无漏實相
心已得通達 其次當作佛 号曰為淨身 亦度无量衆
佛此夜滅度 如薪盡火滅 分布諸舍利 而起无量塔
比丘比丘尼 其數如恒沙 倍復加精進 以求无上道
是妙光法師 奉持佛法藏 八十小劫中 廣宣法華經
是諸八王子 妙光所開化 堅固无上道 當見无數佛
供養諸佛已 随順行大道 相継得成佛 轉次而授記
最後天中天 号曰然燈佛 諸仙之導師 度脫无量衆
是妙光法師 時有一弟子 心常懷懈怠 貪著於名利
求名利无猒 多遊族姓家 棄捨所習誦 廢忘不通利

求名利无猒　多遊族姓家　棄捨所習誦　廢忘不通利
以是因緣故　号之為求名　亦行衆善業　得見无數佛
供養於諸佛　随順行大道　具六波羅蜜　今見釋師子
其後當作佛　号名曰弥勒　廣度諸衆生　其數无有量
彼佛滅度後　懈怠者汝是　妙光法師者　今則我身是
我見燈明佛　本光瑞如此　以是知今佛　欲說法華經
今相如本瑞　是諸佛方便　今佛放光明　助發實相義
諸人今當知　合掌一心待　佛當雨法雨　充足求道者
諸求三乘人　若有疑悔者　佛當為除斷　令盡无有餘

妙法蓮華經方便品第二

尒時世尊從三昧安詳而起告舍利弗諸佛
智慧甚深无量其智慧門難解難入一切聲
聞辟支佛所不能知所以者何佛曾親近百

千萬億无數諸佛盡行諸佛无量道法勇猛
精進名稱普聞成就甚深未曾有法隨宜所
說意趣難解舍利弗吾從成佛已來種種因
緣種種譬喻廣演言教无數方便引導衆生
令離諸著所以者何如來方便知見波羅蜜
皆已具足舍利弗如來知見廣大深遠无量
无礙力无所畏禪定解脫三昧深入无際成
就一切未曾有法舍利弗如來能種種分別
巧說諸法言辭柔軟悅可衆心舍利弗取要
言之无量无邊未曾有法佛悉成就止舍利
弗不須復說所以者何佛所成就第一希有
難解之法唯佛與佛乃能究盡諸法實相所
謂諸法如是相如是性如是體如是力如是
作如是因如是緣如是果如是報如是本末

難解之法唯佛與佛乃能究盡諸法實相所
謂諸法如是相如是性如是體如是力如是
作如是因如是緣如是果如是報如是本末
究竟等尒時世尊欲重宣此義而說偈言
世雄不可量　諸天及世人　一切眾生類　无能知佛者
佛力无所畏　解脫諸三昧　及佛諸餘法　无能測量者
本從无數佛　具足行諸道　甚深微妙法　難見難可了
於无量億劫　行此諸道已　道場得成果　我已悉知見
如是大果報　種種性相義　我及十方佛　乃能知是事
是法不可示　言辭相寂滅　諸餘眾生類　无有能得解
除諸菩薩眾　信力堅固者　諸佛弟子眾　曾供養諸佛
一切漏已盡　住是最後身　如是諸人等　其力所不堪
假使滿世間　皆如舍利弗　盡思共度量　不能測佛智
正使滿十方　皆如舍利弗　及餘諸弟子　亦滿十方刹

盡思共度量　亦復不能知　辟支佛利智　无漏最後身
亦滿十方界　其數如竹林　斯等共一心　於億无量劫
欲思佛實智　莫能知少分　新發意菩薩　供養无數佛
了達諸義趣　又能善說法　如稻麻竹葦　充滿十方剎
一心以妙智　於恒河沙劫　咸皆共思量　不能知佛智
不退諸菩薩　其數如恒沙　一心共思求　亦復不能知
又告舍利弗　无漏不思議　甚深微妙法　我今已具得
唯我知是相　十方佛亦然　舍利弗當知　諸佛語无異
於佛所說法　當生大信力　世尊法久後　要當說真實
告諸聲聞衆　及求緣覺乘　我令脫苦縛　逮得涅槃者
佛以方便力　示以三乘教　衆生處處著　引之令得出
尒時大衆中有諸聲聞漏盡阿羅漢阿若憍
陳如等千二百人及發聲聞辟支佛心比丘
比丘尼優婆塞優婆夷各作是念今者

尒時大衆中有諸聲聞漏盡阿羅漢阿若憍
陳如等千二百人及發聲聞辟支佛心比丘
比丘尼優婆塞優婆夷各作是念今者世尊
何故慇懃稱嘆方便而作是言佛所得法甚
深難解有所言說意趣難知一切聲聞辟支
佛所不能及佛說一解脫義我等亦得此法
到於涅槃而今不知是義所趣尒時舍利弗
知四衆心疑自亦未了而白佛言世尊何因
何緣慇懃稱嘆諸佛第一方便甚深微妙難
解之法我自昔來未曾從佛聞如是說今者
四衆咸皆有疑唯願世尊敷演斯事世尊何
故慇懃稱歎甚深微妙難解之法尒時舍利
弗欲重宣此義而說偈言
慧日大聖尊　久乃說是法　自說得如是　力无畏三昧

禪定解脫等　不可思議法　道場所得法　无能發問者
我意難可測　亦无能問者　无問而自說　稱歎所行道
智慧甚微妙　諸佛之所得　无漏諸羅漢　及求涅槃者
今皆墮疑網　佛何故說是　其求緣覺者　比丘比丘尼
諸天龍鬼神　及乾闥婆等　相視懷猶豫　瞻仰兩足尊
是事為云何　願佛為解說　於諸聲聞眾　佛說我第一
我今自於智　疑惑不能了　為是究竟法　為是所行道
佛口所生子　合掌瞻仰待　願出微妙音　時為如實說
諸天龍神等　其數如恒沙　求佛諸菩薩　大數有八万
又諸万億國　轉輪聖王至　合掌以敬心　欲聞具足道
尒時佛告舍利弗　止止不須復說　若說是事
一切世間諸天及人皆當驚疑　舍利弗重白
佛言世尊　唯願說之　唯願說之　所以者何　是

佛言世尊唯願說之唯願說之所以者何是
會无數百千万億阿僧祇衆生曾見諸佛諸
根猛利智慧明了聞佛所說則能敬信尒時
舍利弗欲重宣此義而說偈言

法王无上尊　唯說願勿慮　是會无量衆　有能敬信者

佛復止舍利弗若說是事一切世間天人阿脩
羅皆當驚疑增上慢比丘將墜於大坑尒
時世尊重說偈言

止止不須說　我法妙難思　諸增上慢者　聞必不敬信

尒時舍利弗重白佛言世尊唯願說之唯願
說之今此會中如我等比百千万億世世已曾
從佛受化如此人等必能敬信長夜安隱
多所饒益尒時舍利弗欲重宣此義而說偈

无上兩足尊　願說第一法　我為佛長子　唯垂分別說
是會无量眾　能敬信此法　佛已曾世世　教化如是等
皆一心合掌　欲聽受佛語　我等千二百　及餘求佛者
願為此眾故　唯垂分別說　是等聞此法　則生大歡喜
尒時世尊告舍利弗汝已慇懃三請豈得不
說汝今諦聽善思念之吾當為汝分別解說
說此語時會中有比丘比丘尼優婆塞優婆
夷五千人等即從座起礼佛而退所以者何此
輩罪根深重及增上慢未得謂得未證謂
證有如此失是以不住世尊嘿然而不制止
尒時佛告舍利弗我今此眾无復枝葉純有
貞實舍利弗如是增上慢人退亦佳矣汝今
善聽當為汝說舍利弗言唯然世尊願樂欲

爾時世尊告舍利弗我今此衆无復枝葉純有
貞實舍利弗如是增上慢人退亦佳矣汝今
善聽當為汝說舍利弗言唯然世尊願樂欲
聞佛告舍利弗如是妙法諸佛如來時乃說
之如優曇鉢華時一現耳舍利弗汝等當信
佛之所說言不虛妄舍利弗諸佛隨宜說法
意趣難解所以者何我以无數方便種種因
緣譬喻言辭演說諸法是法非思量分別之
所能解唯有諸佛乃能知之所以者何諸佛
世尊唯以一大事因緣故出現於世舍利弗
云何名諸佛世尊唯以一大事因緣故出現
於世諸佛世尊欲令衆生開佛知見使得清
淨故出現於世欲示衆生佛之知見故出現
於世欲令衆生悟佛知見故出現於世欲令

衆生入佛知見道故出現於世舍利弗是為
諸佛以一大事因緣故出現於世佛告舍利
弗諸佛如来但教化菩薩諸有所作常為一
事唯以佛之知見示悟衆生舍利弗如来但
以一佛乘故為衆生說法无有餘乘若二若
三舍利弗一切十方諸佛法亦如是舍利弗
過去諸佛以无量无數方便種種因緣譬喻
言辭而為衆生演說諸法是法皆為一佛乘
故是諸衆生從佛聞法究竟皆得一切種智
舍利弗未来諸佛當出於世亦以无量无數
方便種種因緣譬喻言辭而為衆生演說諸
法是法皆為一佛乘故是諸衆生從佛聞法
究竟皆得一切種智舍利弗現在十方无量
百千萬億佛土中諸佛世尊多所饒益安樂

BD00989　妙法蓮華經卷一

法是法皆為一佛乘故是諸衆生從佛聞法
究竟皆得一切種智舍利弗現在十方无量
百千万億佛土中諸佛世尊多所饒益安樂
衆生是諸佛亦以无量无數方便種種因緣
譬喻言辭而為衆生演説諸法是法皆為一
佛乘故是諸衆生從佛聞法究竟皆得一切
種智舍利弗是諸佛但教化菩薩欲以佛之
知見示衆生故欲以佛之知見悟衆生故欲
令衆生入佛知見道故舍利弗我今亦復如
是知諸衆生有種種欲深心所著隨其本性
以種種因緣譬喻言辭方便力故而為説法
舍利弗如此皆為得一佛乘一切種智故舍
利弗十方世界中尚无二乘何况有三舍利
弗諸佛出於五濁惡世所謂劫濁煩惱濁衆

生濁見濁命濁如是舍利弗劫濁亂時衆生
垢重慳貪嫉妬成就諸不善根故諸佛以方
便力於一佛乘分別說三舍利弗若我弟子
自謂阿羅漢辟支佛者不聞不知諸佛如來但
教化菩薩事此非佛弟子非阿羅漢非辟支
佛又舍利弗是諸比丘比丘尼自謂已得阿
羅漢是最後身究竟涅槃便不復志求阿耨
多羅三藐三菩提當知此輩皆是增上慢人
所以者何若有比丘實得阿羅漢若不信此
法无有是處除佛滅度後現前无佛所以者
何佛滅度後如是等經受持讀誦解義者是
人難得若遇餘佛於此法中便得決了舍利
弗汝等當一心信解受持佛語諸佛如來言

弗汝等當一心信解受持佛語諸佛如來言
无虛妄无有餘乘唯一佛乘尒時世尊欲重
宣此義而說偈言
比丘比丘尼　有懷增上慢　優婆塞我慢　優婆夷不信
如是四衆等　其數有五千　不自見其過　於戒有缺漏
護惜其瑕疵　是小智已出　衆中之糟糠　佛威德故去
斯人尠福德　不堪受是法　此衆无枝葉　唯有諸貞實
舍利弗善聽　諸佛所得法　无量方便力　而為衆生說
衆生心所念　種種所行道　若干諸欲性　先世善惡業
佛悉知是已　以諸緣譬喻　言辭方便力　令一切歡喜
或說脩多羅　伽陁及本事　本生未曾有　亦說於因緣
譬喻并祇夜　優波提舍經　鈍根樂小法　貪著於生死
於諸无量佛　不行深妙道　衆苦所惱亂　為是說涅槃

我說是方便 令得入佛慧 未曾說汝等 當得成佛道
所以未曾說 說時未至故 今正是其時 決定說大乘
我此九部法 隨順眾生說 入大乘為本 以故說是經
有佛子心淨 柔軟亦利根 无量諸佛所 而行深妙道
為此諸佛子 說是大乘經 我記如是人 來世成佛道
以深心念佛 修持淨戒故 此等聞得佛 大喜充遍身
佛知彼心行 故為說大乘 聲聞若菩薩 聞我所說法
乃至於一偈 皆成佛无疑 十方佛土中 唯有一乘法
无二亦无三 除佛方便說 但以假名字 引導於眾生
說佛智慧故 諸佛出於世 唯此一事實 餘二則非真
終不以小乘 濟度於眾生 佛自住大乘 如其所得法
定慧力莊嚴 以此度眾生 自證无上道 大乘平等法
若以小乘化 乃至於一人 我則墮慳貪 此事為不可

若以小乘化　乃至於一人　我則墮慳貪　此事為不可
若人信歸佛　如來不欺誑　亦无貪嫉意　斷諸法中惡
故佛於十方　而獨无所畏　我以相嚴身　光明照世間
无量眾所尊　為說實相印　舍利弗當知　我本立誓願
欲令一切眾　如我等无異　如我昔所願　今者已滿足
化一切眾生　皆令入佛道　若我遇眾生　盡教以佛道
无智者錯亂　迷惑不受教　我知此眾生　未曾修善本
堅著於五欲　癡愛故生惱　以諸欲因緣　墜墮三惡道
輪迴六趣中　備受諸苦毒　受胎之微形　世世常增長
薄德少福人　眾苦所逼迫　入邪見稠林　若有若无等
依止此諸見　具足六十二　深著虛妄法　堅受不可捨
我慢自矜高　諂曲心不實　於千万億劫　不聞佛名字
亦不聞正法　如是人難度　是故舍利弗　我為設方便

說諸盡苦道　示之以涅槃　我雖說涅槃　是亦非真滅
諸法從本來　常自寂滅相　佛子行道已　來世得作佛
我有方便力　開示三乘法　一切諸世尊　皆說一乘道
今此諸大眾　皆應除疑惑　諸佛語无異　唯一无二乘
過去无數劫　无量滅度佛　百千万億種　其數不可量
如是諸世尊　種種緣譬喻　无數方便力　演說諸法相
是諸世尊等　皆說一乘法　化无量眾生　令入於佛道
又諸大聖主　知一切世間　天人群生類　深心之所欲
更以異方便　助顯第一義　若有眾生類　值諸過去佛
若聞法布施　或持戒忍辱　精進禪智等　種種修福慧
如是諸人等　皆已成佛道　諸佛滅度已　若人善軟心
如是諸眾生　皆已成佛道　諸佛滅度已　供養舍利者
起万億種塔　金銀及頗梨　車𤦲與馬瑙　玫瑰琉璃珠
清淨廣嚴飾　莊校於諸塔　或有起石廟　栴檀及沈水

如是諸人等　皆已成佛道　諸佛滅度已　供養舍利者
起万億種塔　金銀及頗梨　車𤦲與馬瑙　玫瑰琉璃珠
清淨廣嚴飾　莊校於諸塔　或有起石廟　栴檀及沈水
木櫁并餘材　甎瓦泥土等　若於曠野中　積土成佛廟
乃至童子戲　聚沙為佛塔　如是諸人等　皆已成佛道
若人為佛故　建立諸形像　刻雕成眾相　皆已成佛道
或以七寶成　鍮石赤白銅　白鑞及鉛錫　鐵木及與泥
或以膠漆布　嚴飾作佛像　如是諸人等　皆已成佛道
采畫作佛像　百福莊嚴相　自作若使人　皆已成佛道
乃至童子戲　若草木及筆　或以指爪甲　而畫作佛像
如是諸人等　漸漸積功德　具足大悲心　皆已成佛道
但化諸菩薩　度脫无量眾　若人於塔廟　寶像及畫像
以華香幡蓋　敬心而供養　若使人作樂　擊鼓吹角貝
簫笛琴箜篌　琵琶鐃銅鈸　如是眾妙音　盡持以供養

或以歡喜心　歌唄頌佛德　乃至一小音　皆已成佛道
若人散乱心　乃至以一華　供養扵畫像　漸見无數佛
或有人礼拜　或復但合掌　乃至舉一手　或復小低頭
以此供養像　漸見无量佛　自成无上道　廣度无數衆
入无餘涅槃　如薪盡火滅　若人散乱心　入扵塔廟中
一稱南无佛　皆已成佛道　扵諸過去佛　在世或滅後
若有聞是法　皆已成佛道　未来諸世尊　其數无有量
是諸如来等　亦方便說法　一切諸如来　以无量方便
度脫諸衆生　入佛无漏智　若有聞法者　无一不成佛
諸佛本誓願　我所行佛道　普欲令衆生　亦同得此道
未来世諸佛　雖說百千億　无數諸法門　其實為一乘
諸佛兩足尊　知法常无性　佛種從緣起　是故說一乘
是法住法位　世間相常住　扵道場知已　導師方便說
天人所供養　現在十方佛　其數如恒沙　出現扵世間

是法住法位　世間相常住　扵道場知已　導師方便說
天人所供養　現在十方佛　其數如恒沙　出現扵世間
安隱衆生故　亦說如是法　知第一寂滅　以方便力故
雖示種種道　其實為佛乘　知衆生諸行　深心之所念
過去所習業　欲性精進力　及諸根利鈍　以種種因緣
譬喻亦言辭　隨應方便說　今我亦如是　安隱衆生故
以種種法門　宣示扵佛道　我以智慧力　知衆生性欲
方便說諸法　皆令得歡喜　舍利弗當知　我以佛眼觀
見六道衆生　貧窮无福慧　入生死險道　相續苦不斷
深著扵五欲　如犛牛愛尾　以貪愛自蔽　盲瞑无所見
不求大勢佛　及與斷苦法　深入諸耶見　以苦欲捨苦
為是衆生故　而起大悲心　我始坐道場　觀樹亦經行
扵三七日中　思惟如是事　我所得智慧　微妙最第一

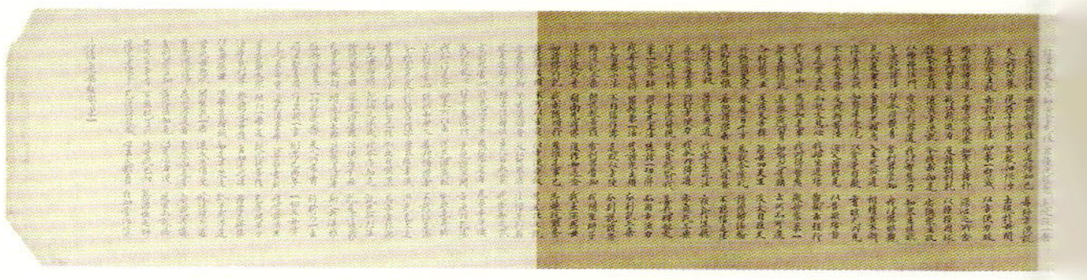

衆生諸根鈍　著樂癡所盲　如斯之等類　云何而可度
尒時諸梵王　及諸天帝釋　護世四天王　及大自在天
并餘諸天衆　眷屬百千万　恭敬合掌礼　請我轉法輪
我即自思惟　若但讚佛乘　衆生没在苦　不能信是法
破法不信故　墜於三惡道　我寧不說法　疾入於涅槃
尋念過去佛　所行方便力　我今所得道　亦應說三乘
作是思惟時　十方佛皆現　梵音慰喻我　善哉釋迦文
第一之導師　得是无上法　隨諸一切佛　而用方便力
我等亦皆得　最妙第一法　為諸衆生類　分別說三乘
少智樂小法　不自信作佛　是故以方便　分別說諸果
雖復說三乘　但為教菩薩　舍利弗當知　我聞聖師子
深淨微妙音　稱南无諸佛　復作如是念　我出濁惡世
如諸佛所說　我亦隨順行　思惟是事已　即趣波羅奈

深淨微妙音　喜稱南無佛　復作如是念　我出濁惡世
如諸佛所說　我亦隨順行　思惟是事已　即趣波羅柰
諸法寂滅相　不可以言宣　以方便力故　為五比丘說
是名轉法輪　便有涅槃音　及以阿羅漢　法僧差別名
從久遠劫來　讚示涅槃法　生死苦永盡　我常如是說
舍利弗當知　我見佛子等　志求佛道者　无量千万億
咸以恭敬心　皆來至佛所　曾從諸佛聞　方便所說法
我即作是念　如來所以出　為說佛慧故　今正是其時
舍利弗當知　鈍根小智人　著相憍慢者　不能信是法
今我喜无畏　於諸菩薩中　正直捨方便　但說无上道
菩薩聞是法　疑網皆已除　千二百羅漢　悉亦當作佛
如三世諸佛　說法之儀式　我今亦如是　說无分別法
諸佛興出世　懸遠值遇難　正使出于世　說是法復難
无量无數劫　聞是法亦難　能聽是法者　斯人亦復難

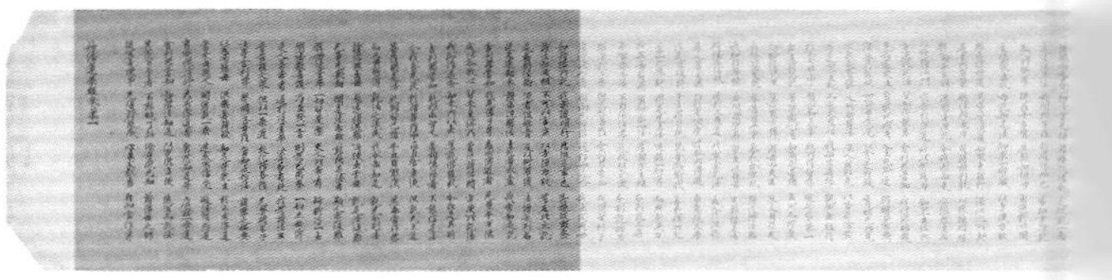

譬如優曇華 一切皆愛樂 天人所希有 時時乃一出
聞法歡喜讚 乃至發一言 則為已供養 一切三世佛
是人甚希有 過於優曇華 汝等勿有疑 我為諸法王
普告諸大衆 但以一乘道 教化諸菩薩 无聲聞弟子
汝等舍利弗 聲聞及菩薩 當知是妙法 諸佛之祕要
以五濁惡世 但樂著諸欲 如是等衆生 終不求佛道
當來世惡人 聞佛說一乘 迷惑不信受 破法墮惡道
有慚愧清淨 志求佛道者 當為如是等 廣讚一乘道
舍利弗當知 諸佛法如是 以万億方便 隨宜而說法
其不習學者 不能曉了此 汝等既已知 諸佛世之師
隨宜方便事 无復諸疑惑 心生大歡喜 自知當作佛

妙法蓮華經卷第一

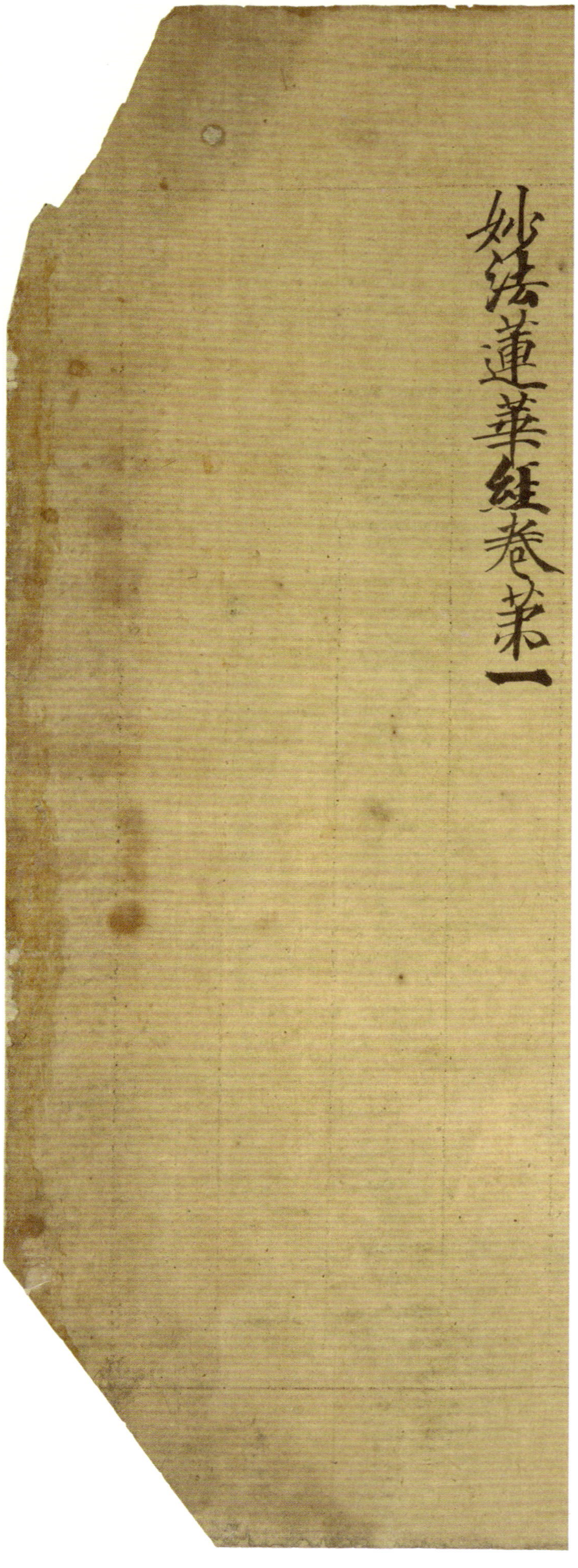

BD00989　妙法蓮華經卷一

BD00990 無盡意菩薩經（八卷本）卷五

（南朝宋）智嚴 寶雲 譯

BD00990v 勘記

594.5cm×26.3cm

緣故名曰燈
諸明悉不復現菩薩大士住
智一切二乘學與无學及餘衆生所得諸智
皆亦如是悉不復現是名曰燈三昧菩薩住
於禪波羅蜜即於无量百千種種諸禪三昧
而得自在今於此中當說少分其名曰電燈
三昧淨三昧月光三昧淨莊嚴三昧日光三
昧不可思議三昧勇出三昧照明三昧无垢
光明三昧功德光明三昧一切法中得自在
三昧吉道三昧无憂三昧堅稱三昧勇出如
須彌山等三昧法炬三昧法健三昧法尊三
昧自在知一切法三昧住法聚三昧揔持法
淨三昧道如也心行三昧去童嬰各三昧亮

一切煩惱三昧破四魔力三昧十力聲勇健三昧
无礙斷礙三昧手燈三昧施得名聞三昧持
地三昧住无我如須弥山三昧勝諸明三昧智炎
三昧生慧三昧脩禪三昧无量自在三昧心
調伏无我无我所成就三昧水月三昧日聲三
昧无有高下如佛三昧離相三昧如善調
馬師子遊戲三昧念佛三昧念法得智自在
无礙三昧无退不退三昧不眴三昧勝淨无
我三昧空三昧无相三昧无願三昧住心平
等三昧金剛三昧增上三昧无能勝三昧旋
三昧淨聲三昧善分別三昧離煩惱三昧廣
大如空三昧入諸功德三昧念意進覺三昧
勇慧三昧辯无盡三昧語无盡三昧惣持三
昧不忘三昧善作三昧觀一切世三昧善口

勇慧三昧辯无盡三昧語无盡三昧揔持三
昧不忘三昧善作三昧觀一切世三昧善知
所樂三昧生踊躍三昧勇慈心淨三昧大悲
根本三昧入喜三昧捨離二纏三昧法義三
昧法作三昧智炬三昧智海三昧不波蕩三
昧一切心喜三昧調伏三昧解脫智三昧已
自在三昧法場金剛幢三昧蓮華三昧蓮華
增上三昧離世法三昧不動三昧慧增上三昧
諸佛所念首楞嚴三昧无諍三昧火三昧火
明三昧解脫勝智三昧莊嚴佛身三昧遍照
三昧入衆生心歡喜三昧慎助道三昧莊嚴
諸波羅蜜三昧寶髻三昧與諸覺華三昧與
解脫果三昧甘露三昧速疾如風三昧實際三
昧[illegible]海壽三昧山目專三昧[illegible]中[illegible]三昧

見无量諸佛三昧聞持三昧不亂三昧一念
智无量功德海淨三昧如是等不可計那由
他諸三昧入禪波羅蜜時悉得清淨舍利弗
是名菩薩脩行禪定而不可盡
尒時舍利弗語无盡意言善哉善哉善男子
仁已快說菩薩禪波羅蜜唯願仁者當說菩
薩般若波羅蜜如諸菩薩所得无盡般若波
羅蜜善男子般若波羅蜜云何行云何入无
盡意言唯舍利弗般若波羅蜜如聞脩行善
入思惟舍利弗言唯善男子云何如聞脩行
无盡意言聞者具八十行何等八十欲脩行
順心行畢竟心行常發起行親近善友行无
憍慢行不放逸行恭敬行隨順教行從善語

順心行畢竟心行常發起行親近善友行无
憍慢行不放逸行恭敬行隨順教行從善語
行數往佛所行至心聽法行善思惟行不亂
心行勤進心行生實相行起藥想行除諸病
行念器行進覺行意喜行入覺行聞无猒行
增長捨行調智行親近多聞行發歡喜行身
輕悅行心柔和行聞无疲惓行聞義行聞
法行聞威儀行聞他說行聞所未聞行聞諸
通行不求餘乘行聞諸波羅蜜行聞菩薩藏
行聞諸攝法行聞方便行聞四梵行聞念正
智行聞生方便行聞无生方便行觀不淨行
思惟慈行觀因緣行觀无常行觀苦行觀无
我行觀寂滅行觀空行觀无相行觀无願行觀
无作行作善行寺真實行不失行捨惡主處方

讃心行勤進无惓行善分別諸法行知諸煩惱
非伴侶行護諸善法自伴侶行降伏煩惱非
伴侶行親近正法財行斷諸貧窮行智者所
讃行欣樂利根行衆聖所勸行令非聖者生
歡喜行觀諸諦行觀陰過患行思量有為多
過患行思議行不作一切惡行自利利他行隨
順增進諸善業行進增上行得一切佛法
行舍利弗是名菩薩如其所聞具八十行
舍利弗菩薩摩訶薩行般若波羅蜜具三十
二事善入思惟何等三十二善入受持空善入分
別慧善入心柔和善入身獨行善入十二緣善
入不斷善入不常善入因緣生法善入无衆
生无命无人善入无来去住處善入无進不
斷因果善入空不恐善入无相不發善入无

入不斷善入不常善入因緣生法善入无衆
生无命无人善入无来去住處善入无進不
斷因果善入空不懈善入无相不發善入无
願不捨善入不證空无相无願善入生諸禪
三昧善入不隨禪定生善入生諸通智善入
不證无漏法善入内觀法善入不證決定善
入思量有爲法過患善入不著有爲法善入
觀一切衆生无我而不捨大悲善入一切趣諸
怖畏處善入雖生諸趣非業故生善入離欲
善入不證離欲法善入捨所樂欲善入不捨
法樂善入捨一切戲論諸覺善入不捨方便
諸觀舍利弗是名菩薩行般若波羅蜜卅二
事善入思惟又復善思惟者所謂善順句善
順句者是不始句是不終句是不住句是不

依句是不重句是不倍句是平等句是非等
句是真實句是正直句是不變句是清淨句
是永寂句是不然句是不舉句是不下句是
不滅句是不增句是不共句是不戲論句是
如句是不如句是如非如句是非如非不如
句是如實句是三世平等句是三際句是不
住色句是不住受想行識句是不住地大句
是不住水火風句是不住眼果色果眼識果
句是不住耳果聲果耳識果句是不住鼻果
香果鼻識果句是不住舌果味果舌識果句
是不住身果觸果身識果句是不住意果法
果意識果句是念義句是念智句是一切義經
句是念法句是名菩薩善入思惟又復善思
惟者所謂一切諸法若我无我如是諸法隨

惟者所謂一切諸法若我无我如是諸法隨
順觀察若知衆生无有我者即是隨順觀察
諸法如是觀察即是善入思惟如善思惟即
是思惟生死涅槃同一法界觀是二句无有
差別如是見者是名勤進善入思惟若觀
黒法及以白法二性平等无有差別是名勤進
善入思惟若觀諸枙及以无枙不動不持是
名勤進善入思惟若菩薩起善思惟為諸衆
生而不捨離於諸法相亦不分別是名菩薩
發善思惟舍利弗如聞行者如是得入報善
思惟是名為慧舍利弗菩薩慧者有十六法不
於中住云何十六不住无明行識名色六入
觸受愛取有生老死乃至不住无有我至生

死滅不住根本身見乃至不住六十二見不
住高下乃至不住世法利衰毀譽稱譏苦樂
不住慢慢增上慢勝慢我慢下慢憍慢耶慢
乃至不住卄煩惱不住因貪所起諸結若麁
若細若上中下乃至不住貪欲所起一切諸
結不住癡闇覆蓋諸癡乃至不住因癡所起
一切諸結不住婬欲愛濁不住陰死煩惱天
魔乃至不住因魔所起諸魔事等不住我人
衆生壽命養育士夫乃至不住取衆生相不
住業鄣報鄣法鄣煩惱鄣諸見鄣乃至不住
一切習氣不住思想憶想分别想緣相想境
界見聞覺知乃至不住一切諸結不住隨衆
生心行智乃至不住八万四千法聚不住慳
貪布施破戒持戒瞋恚忍辱解怠精進亂意

貪布施破戒持戒瞋恚忍辱懈怠精進亂意
禪定愚癡智慧乃至不住諸波羅蜜伴非伴
等不住定亂耶正善不善世間出世間可作不
可作有漏无漏有為无為黑法白法生死涅
槃乃至不住一切諸法伴非伴等不住衆生
異相諸乘異相佛界異相諸佛異相諸法異
相聖衆異相乃至不住一切異相不住知不知
識不識世諦真諦乃至不住一切諸相所諸
菩薩思惟慧者无聞无行无身无相无形无
為如是真慧不住一切憶想思惟心作心住名
字異相舍利弗是名菩薩真智慧者不住如是
十六法中舍利弗云何菩薩慧者處所具八
方便可等入諸陰方便諸界方便諸入方便

說說方便說緣方便三世方便說業方便說
法方便云何諸陰方便若說諸陰如沫如泡
如熱時炎如芭蕉樹如幻如夢如呼聲響如
鏡中像如影如化色如水沫如水沫性非我
非衆生非命非人色亦如是能如是知是名
菩薩觀色方便受喻如泡想喻如炎行如芭
蕉識喻如幻如泡如炎如芭蕉幻性无我无
衆生无命无人受想行識亦復如是能如是
知是名菩薩觀受想行識方便諸陰如夢如
響如像如影如化如化等性无我无衆生无
命无人是諸陰等亦復如是能如是知是名
菩薩觀陰方便所謂陰者即世間相世間相
者是可壞相如可壞相即无常性苦性无我
性寂滅性能如是知是名菩薩觀陰方便云

性寂滅性能如是知是名菩薩觀陰方便云
何菩薩知界方便法界地界水火風界是法
界中无相无有堅相濕相熱相動相法界眼
界耳界鼻舌身意界是法界中无有見相聞
相齅相別相覺相知相法界色界聲香味觸
法是法界中无明可見相耳可聞相鼻可齅相
舌可別相身可覺相意可知相法界眼識界
耳鼻舌身意識界是法界中无眼識知色乃
至无意識知法界色界法界非色作相乃
至法界亦復如是法界我界无二无別法界
欲界色界无色界我界生死界涅槃界无二
无別法界虛空界一切法界我界空界无相
无願无作不出不生无所有等如涅槃虛空

法甚深一切法甚深无有二如是无量有為法
界入无為界能如是知如是說者是名菩
薩知界方便云何菩薩觀入方便如佛所說
眼空我空我所空何以故是眼性中无我无
我所耳鼻舌身意空亦復如是觀是入者見
一切法若善不善无有二相是名菩薩觀入
方便若眼入色入若見眼色入離欲不證離
欲法是名菩薩觀入方便耳入聲入鼻入香入
舌入味入身入觸入意入法入若見離欲不
證離欲法是名菩薩觀入方便所謂入者若聖
入非聖入云何聖入若脩集道云何非聖入
不脩集道若菩薩住道於不脩道者生大悲
心不捨入道是名菩薩觀入方便云何菩薩
觀諦方便所謂甚深難入云何難入若苦智

觀諦方便所謂甚深難入云何難入若苦智
集智滅智道智苦智者觀陰无生集智者
觀斷愛因滅智者觀无明等諸煩惱无有和合
道智者得平等觀於一切法无所倚著菩薩
若於四聖諦中作如是觀而不取證為化衆
生是名菩薩觀諦方便復有三諦何等三
俗諦第一義諦相諦云何俗諦若世間所用
語言文字假名法等云何第一義諦乃至无
有心行何況當有言語文字云何相諦觀一切
相同於一相一相者即是无相菩薩隨順俗諦
而不猒倦觀第一義諦而不取證觀諸相諦
一相无相是名菩薩觀諦方便復有二諦何
等二俗諦第一義諦可等俗諦若說苦集道

諦若於涅槃法終不忘失何以故如與法界
其性常故菩薩隨俗不生猒倦觀第一義而
不取證復有一諦何等為一於一切法无所倚
著為化衆生現有所著是名菩薩觀諦方便
復次五陰苦若見五陰苦相是名為苦觀苦
即空是名苦智觀苦聖諦若觀五陰諸煩
惱愛因見因是名為集若觀愛因見因不取不
著不悕不求是名集智觀集聖諦若五陰畢
竟盡相過去已滅未來未生現在不住是
名為滅能如是知是名滅智觀滅聖諦若得
道者證集滅智比智知已是名為道若於是
中悉見空性是名道智觀道聖諦若能如是
觀四聖諦是名菩薩觀諦方便若一切受是名

觀四聖諦是名菩薩觀諦方便若一切受是名
爲苦若於諸受思惟分別是名苦智觀苦聖
諦受因和合是名爲集若於受因知如真實
是名集智觀集聖諦若除諸受无受无受者
觀受滅盡不證於滅爲化衆生是名滅智觀
滅聖諦若有所受是名爲道雖有和合猶如
栰喻不爲所受不求於道是名道智觀道聖
諦作如是知見四聖諦清淨平等是名菩薩
觀諦方便復次略說生苦是名爲苦若觀於
生是名苦智觀苦聖諦生從因緣是名爲集
若觀有非有是名集智觀集聖諦一切生非
生即是非滅若法不生即无有滅是名爲滅
若觀生滅即是滅智觀滅聖諦若如是等准

求利量思惟分别是名求道若滅如是求利
量等入法門者是名道智觀道聖諦若住於
智不證聖諦是名菩薩觀諦方便云何菩薩
觀緣方便集不善思惟故无明集无明集故
行集行集故名色集名色集故識集識集故
六入集六入集故觸集觸集故受集受集故愛
集愛集故取集取集故有集有集故生集生
集故老死集老死集故憂悲苦惱集若知如
是諸苦聚集是名菩薩觀緣方便若住如是
諸法聚集則不長養无所作无諍訟无有主
无所屬无繫縛所謂若因善法因不善法因
不動法若因向涅槃法如是等法如實分别
若諸衆生根量齊限因是諸根所作諸業若
有受報及非受報善知其因聚集方便是名

若諸衆生根量齊限因是諸根所作諸業若
有受報及非受報善知其因聚集方便是名
菩薩觀緣方便不善思惟滅則无明滅无明
滅故行滅行滅故識滅識滅故名色滅名色
滅故六入滅六入滅故觸滅觸滅故受滅受
滅故愛滅愛滅故取滅取滅故有滅有滅故
生滅生滅故老死滅老死滅故憂悲苦惱諸
苦聚滅若知如是諸苦聚滅是名菩薩觀緣
方便一切諸法屬因屬緣屬和合若法屬因
緣和合是法則不屬我人衆生壽命若法不
屬我人衆生壽命則不入法數能如是知是
名菩薩觀緣方便若菩薩所脩諸法爲明菩
是安公菩提如是諸緣悲見我盡而不取

諸爲化衆生是名菩薩觀緣方便云何觀三世方便若念過去已身他身善不善心心數法不善心法呵嘖毀呰善心數法悉以迴向无上菩提是名菩薩觀過去方便若未來世心心數法一向專念菩提之道若起善心願悉迴向无上菩提所有不善心心數法不令入心發如是願是名菩薩未來方便若現在世心心數法善思惟等所作諸業悉以迴向无上菩提是名菩薩觀現在方便作如是方便是名菩薩觀三世方便復次善解三世空无所有若作是觀觀三世空智慧力故若於三世諸佛所種无量功德悉以迴向无上菩提方便力故如是方便是名菩薩觀三世方便

提方便大故如是方便是名菩薩觀三世方
便
復次雖見過去盡法不至未来而常脩善精
勤不懈觀未来法雖无生出不捨精進顧向
菩提觀現在法雖念念滅其心不忘發趣菩
提如是方便是名菩薩觀三世方便過去已
滅未来未至現在不住雖如是觀心心數法
生滅散壞而常不捨聚集善根助菩提法
如是方便是名菩薩觀三世方便
復次若諸神通念過去世所作善根念已迴
向无上菩提念未来世未生善根願心所畜
如意成就現在世中常生善根專念不懈迴
向无上菩提之道如是方便是名菩薩觀三
世方便復次若已衆生念過去世所作善根

樂悉已化訖若未來世所有衆生或須見佛
及諸聖人而得度者隨形應適悉令得度若
現在世所有衆生若應聞法應現神力亦隨
所應皆悉化之隨所教化諸衆生已則於三
世成自他利如是之利悉為菩提具无礙智
如是方便是名菩薩觀三世方便
舍利弗云何菩薩觀諸乘方便世有三乘何
等三聲聞乘緣覺乘大乘復有二乘何等二
天乘人乘云何菩薩觀聲聞乘佛未出世无
聲聞乘何以故從他聞法生於正見所謂
聞者持戒威儀威儀具故戒聚具足戒聚具
足已定聚具足定聚具足已慧聚具足慧聚

足已定聚具足定聚具足已慧聚具足慧聚
具足已解脫聚具足解脫聚具足已解脫知
見聚具足如是方便是名菩薩觀聲聞乘方
便復次觀聲聞乘若善不善及不動行心常
毀呰猒離三界觀一切行无常苦无我寂滅
涅槃乃至一念不怖受生常懷怖懼心不甘
樂觀陰如怨家如毒虵入如空聚於一切趣
不能受生若能如是聞亦分別是名菩薩觀
聲聞乘方便云何菩薩觀緣覺乘方便若緣
覺出世觀其所行如實知之緣覺所行出過
聲聞所有功德欲精進不放逸持戒以聞不
多供養諸佛世尊給侍使令以中根故常有
猒心所作衆事皆悲慜以猒患憒丙常樂遠
離獨坐空閑威儀庠序出入進止安心靜黙

諸於人事有為究生現世福田其心歡樂觀
十二緣常念一法出世涅槃數遊禪定不從
他聞自然覺了以分境界因緣悟道故名緣
覺若能如是開示分別是名菩薩觀緣覺乘
方便云何菩薩觀大乘方便其乘无量令於
此中當說以分是乘无量悉能容受一切眾生
无罣礙故是乘增長一切善根令无量眾生
得受用故是乘具足諸波羅蜜能隨眾生心
行化故是乘能過助道之法進趣无礙至道
場故是乘平等无礙光明照於一切无量眾
生悉堪受故是乘无畏過怯弱道悉能示現
諸佛法故是乘能壞一切諸魔外道耶眾了
十二緣建立佐助菩提幢故是乘能除一切
皆是有[illegible]所尊同眾皆[illegible]所愛[illegible]

十二緣建立佐助菩提幢故是乘能除一切
諸邊有无斷常因緣諸見所起煩惱鄣礙覆
蓋疑网調戲得佛无礙真智慧故是乘富足
具諸珎寶真實不盡能益衆生大悲勇猛
本願成就故是乘具足十力无畏不共之法
相好嚴身身口意故如是方便是名菩薩觀
大乘方便

大方等大集經卷第五

八卷成部者

BD00990　無盡意菩薩經（八卷本）卷五

大方等大集經卷第五

BD00990v　勘記

BD00991　無量壽宗要經（甲本）

213cm × 30.5cm

大乘无量壽經

如是我聞一時薄伽梵在舍衛國祇樹給孤獨園與大苾芻僧千二百五十人大菩薩摩訶
薩衆俱同會坐尒時世尊告曼殊室利童子曼殊上方有世界名无量功德聚彼土有
佛号无量智决定王如來阿羅訶三藐三菩提現為衆生開示說法曼殊諦聽南閻浮提人
皆短壽大限百年於中殀枉横死者衆曼殊如是无量壽如來功德名稱法要若有衆生得聞名号
若自書或使人書能為經巻受持讀誦若於舍宅所住之處以種種花鬘瓔珞塗香末香而為供
養如其命盡復得延年滿足百歲如是曼殊若有衆生得聞是无量壽智决定王如來一百八
名号者益其長壽若有衆生大命將盡憶念是如來名号更得增壽如是[illegible]殊若有善
男子善女人欲求長壽於是无量壽如來一百八名号有得聞者或自書若使人書受持讀
誦得如是等果報福德具足陁羅尼曰
南謨薄伽勃底一阿波唎蜜哆二阿喻紇硯娜三須毗你失指陁四囉佐耶五怛他羯他耶六怛[illegible]
他唵七薩婆桑悉迦囉八波唎輸底九達磨底十伽迦娜十一莎訶某特迦底十二薩婆婆毗輸底十三
摩訶娜耶十四波唎婆羅莎訶十五
世尊復告曼殊室利如是如來一百八名号若有自書寫或使人書寫為經巻受持讀誦如壽
命盡復滿百年壽終之後往生无量福智世界無量壽淨土陁羅尼曰

薩婆桑悉迦囉八 波唎輸底九 達磨底十 伽伽娜十一 莎訶其特迦底十二 薩婆婆毗輸底十三

摩訶娜耶十四 波唎婆羅莎訶十五

尒時有九十九姟佛等一時同聲說是无量壽宗要經陀羅尼曰

南謨薄伽勃底一 阿波唎蜜哆二 阿喻紇硯娜三 須毗你悉指陀四 囉佐耶五 怛他羯他耶六 怛姪他唵七

薩婆桑悉迦囉八 波唎輸底九 達磨底十 伽伽娜十一 莎訶其特迦底十二 薩婆婆毗輸底十三 摩訶

娜耶十四 波唎婆羅莎訶十五

尒時復有一百四姟佛一時同聲說是无量壽宗要經陀羅尼曰

南謨薄伽勃底一 阿波唎蜜哆二 阿喻紇硯娜三 須毗你悉指陀四 囉佐耶五 怛他羯他耶六 怛姪他唵七

薩婆桑悉迦囉八 波唎輸底九 達磨底十 伽伽娜十一 莎訶其特迦底十二 薩婆婆毗輸底十三 摩訶

娜耶十四 波唎婆羅莎訶十五

尒時復有七姟佛一時同聲說是无量壽宗要經陀羅尼曰

南謨薄伽勃底一 阿波唎蜜哆二 阿喻紇硯娜三 須毗你悉指陀四 囉佐耶五 怛他羯他耶六 怛姪他唵七 薩婆

桑悉迦囉八 波唎輸底九 達磨底十 伽伽娜十一 莎訶其特迦底十二 薩婆婆毗輸底十三 摩訶

娜耶十四 波唎婆羅莎訶十五

尒時復有六十五姟佛一時同聲說是无量壽宗要經陀羅尼曰

南謨薄伽勃底一 阿波唎蜜哆二 阿喻紇硯娜三 須毗你悉指陀四 囉佐耶五 怛他羯他耶六 怛姪他唵七

薩婆桑悉迦囉八 波唎輸底九 達磨底十 伽伽娜十一 莎訶其特迦底十二 薩婆婆毗輸底十三

BD00991　無量壽宗要經（甲本）

薩婆桑悉迦囉八 波唎輸底九 達磨底十 伽迦娜十一 莎訶其特迦底十二 薩婆婆毗輸底十三
摩訶娜耶十四 波唎婆曬莎訶十五
尒時復有五十五姟佛一時同聲說是无量壽宗要經陁羅尼曰
南謨薄伽勃底一 阿波唎蜜哆二 阿喻紇硯娜三 須毗你悉指陁四 囉佐耶五 怛他羯他耶六 怛姪他唵七 薩
婆桑悉迦囉八 波唎輸底九 達磨底十 伽迦娜十一 莎訶其特迦底十二 薩婆婆毗輸底十三 摩訶娜
耶十四 波唎婆曬莎訶十五
尒時復有卌五姟佛一時同聲說是无量壽宗要經陁羅尼曰
南謨薄伽勃底一 阿波唎蜜哆二 阿喻紇硯娜三 須毗你悉指陁四 囉佐耶五 怛他羯他耶六 怛姪他唵七
薩婆桑悉迦囉八 波唎輸底九 達磨底十 伽迦娜十一 莎訶其特迦底十二 薩婆婆毗輸底十三 摩訶
娜耶十四 波唎婆曬莎訶十五
尒時復有三十六姟佛一時同聲說是无量壽宗要經陁羅尼曰
南謨薄伽勃底一 阿波唎蜜哆二 阿喻紇硯娜三 須毗你悉指陁四 囉佐耶五 怛他羯他耶六 怛姪他唵七 薩婆
桑悉迦囉八 波唎輸底九 達磨底十 伽迦娜十一 莎訶其特迦底十二 薩婆婆毗輸底十三 摩訶娜
耶十四 波唎婆曬莎訶十五
尒時復有廿五姟佛一時同聲說是无量壽宗要經陁羅尼曰
南謨薄伽勃底一 阿波唎蜜哆二 阿喻紇硯娜三 須毗你悉指陁四 囉佐耶五 怛他羯他耶六 怛姪他唵七 薩婆
桑悉迦囉八 波唎輸底九 達磨底十 伽迦娜十一 莎訶其特迦底十二 薩婆婆毗輸底十三 摩訶

介時復有恒河沙數佛一時同聲說是无量壽宗要經陁羅尼曰

南謨薄伽勃底一 阿波唎蜜哆二 阿喻紇硯娜三 須毗你悉指陁四 囉佐耶五 怛他羯他耶六 怛姪他唵七 薩婆桑悉迦囉八 波唎輸底九 達磨底十 伽迦娜十一 莎訶甚特迦底十二 薩婆婆毗輸底十三 摩訶娜耶十四 波唎婆囉莎訶十五

善男子若有自書寫教人書寫是无量壽宗要宗經如其命盡復得長壽而滿年陁羅尼曰

南謨薄伽勃底一 阿波唎蜜哆二 阿喻紇硯娜三 須毗你悉指陁四 囉佐耶五 怛他羯他耶六 怛姪他唵七 薩婆桑悉迦囉八 波唎輸底九 達磨底十 伽迦娜十一 莎訶甚特迦底十二 薩婆婆毗輸底十三 摩訶娜耶十四 波唎婆囉莎訶十五

若有自書寫教人書寫是无量壽宗要經讀誦受持畢竟不墮地獄在在所生得宿命智陁羅尼曰

南謨薄伽勃底一 阿波唎蜜哆二 阿喻紇硯娜三 須毗你悉指陁四 囉佐耶五 怛他羯他耶六 怛姪他唵七 薩婆桑悉迦囉八 波唎輸底九 達磨底十 伽迦娜十一 莎訶甚特迦底十二 薩婆婆毗輸底十三 摩訶娜耶十四 波唎婆囉莎訶十五

若有自書寫教人書寫是无量壽宗要經受持讀誦如同書寫八万四千一切經典陁羅尼曰

南謨薄伽勃底一 阿波唎蜜哆二 阿喻紇硯娜三 須毗你悉指陁四 囉佐耶五 怛他羯他耶六 怛姪他唵七 薩婆桑悉迦囉八 波唎輸底九 達磨底十 伽迦娜十一 莎訶甚特迦底十二 薩婆婆毗輸底十三 摩訶娜耶十四 波唎婆囉莎訶十五

摩訶娜耶十四 波唎婆囇莎訶十五
若有自書寫教人書寫是无量壽宗要經即是書寫八万四千部建立塔廟陁羅尼曰
南謨薄伽勃底一 阿波唎蜜多二 阿喻紇硯娜三 須毗你悉指陁四 囉佐耶五 怛他羯他耶六 怛姪他唵七
薩婆桑悉迦囉八 波唎輸底九 達磨底十 伽迦娜十一 莎訶某特迦底十二 薩婆婆毗輸底十三 摩
訶娜耶十四 波唎婆囇莎訶十五
若有自書寫教人書寫是无量壽宗要經永消五无間等一切重罪陁羅尼曰
南謨薄伽勃底一 阿波唎蜜多二 阿喻紇硯娜三 須毗你悉指陁四 囉佐耶五 怛他羯他耶六 怛姪他唵七 薩
婆桑悉迦囉八 波唎輸底九 達磨底十 伽迦娜十一 莎訶某特迦底十二 薩婆婆毗輸底十三 摩
訶娜耶十四 波唎婆囇莎訶十五
若有自書寫教人書寫是无量壽宗要經受持讀誦設有重罪猶如須弥盡能除滅陁羅尼曰
南謨薄伽勃底一 阿波唎蜜多二 阿喻紇硯娜三 須毗你悉指陁四 囉佐耶五 怛他羯他耶六 怛姪他唵七
薩婆桑悉迦囉八 波唎輸底九 達磨底十 伽迦娜十一 莎訶某特迦底十二 薩婆婆毗輸底十三 摩
訶娜耶十四 波唎婆囇莎訶十五
若有自書寫教人書寫是无量壽宗要經受持讀誦者魔魔之眷屬夜叉羅刹不得其便終
无枉死陁羅尼曰 南謨薄伽勃底一 阿波唎蜜多二 阿喻紇硯娜三 須毗你悉指陁四 囉佐耶五
怛他羯他耶六 怛姪他唵七 薩婆桑悉迦囉八 波唎輸底九 達磨底十 伽迦娜十一 莎訶某特迦底十二 薩

千佛授手能遊一切佛刹莫於此經生於疑惑陀羅尼曰
南謨薄伽勃底一 阿波唎蜜哆二 阿喻紇硯娜三 須毗你悉指陀四 囉佐耶五 怛他羯他耶六 怛姪他唵七
薩婆桑悉迦囉八 波唎輸底九 達磨底十 伽迦娜十一 莎訶某特迦底十二 薩婆婆毗輸底十三
摩訶娜耶十四 波唎婆囉莎訶十五
若有自書寫教人書寫是无量壽宗要經受持讀誦常得四天大王隨其衛護陀羅
尼曰 南謨薄伽勃底一 阿波唎蜜哆二 阿喻紇硯娜三 須毗你悉指陀四 囉佐耶五 怛他羯他耶六
怛姪他唵七 薩婆桑悉迦囉八 波唎輸底九 達磨底十 伽迦娜十一 莎訶某特迦底十二 薩婆婆
毗輸底十三 摩訶娜耶十四 波唎婆囉莎訶十五
若有自書寫教人書寫是无量壽宗要經受持讀誦當得往生西方極樂世界阿弥陀佛土
陀羅尼曰 南謨薄伽勃底一 阿波唎蜜哆二 阿喻紇硯娜三 須毗你悉指陀四 囉佐耶五 怛他羯他耶六
怛姪他唵七 薩婆桑悉迦囉八 波唎輸底九 達磨底十 伽迦娜十一 莎訶某特迦底十二 薩婆婆毗輸底十三
摩訶娜耶十四 波唎婆囉莎訶十五
若有方所自書寫使人書寫是无量壽經典之處則爲是塔皆應恭敬作礼若是畜生或爲鳥獸得
聞是經如是等類皆當不久得成一切種智陀羅尼曰
南謨薄伽勃底一 阿波唎蜜哆二 阿喻紇硯娜三 須毗你悉指陀四 囉佐耶五 怛他羯他耶六 怛姪他唵七 薩
婆桑悉迦囉八 波唎輸底九 達磨底十 伽迦娜十一 莎訶某特迦底十二 薩婆婆毗輸底十三 摩

BD00991 無量壽宗要經（甲本）

婆素悉迦羅八 波唎輸底九 達磨底十 伽迦娜十一 莎訶某特迦底十二 薩婆婆毗輸底十三 摩
訶娜耶十四 波唎婆囇莎訶十五
若有於是无量壽經自書寫若使人書畢竟不受女人之身陁羅尼曰
南謨薄伽勃底一 阿波唎蜜哆二 阿喻紇硯娜三 須毗你悉指陁四 囉佐耶五 怛他羯他耶六 怛姪他唵七 薩
婆素悉迦羅八 波唎輸底九 達磨底十 伽迦娜十一 莎訶某特迦底十二 薩婆婆毗輸底十三 摩訶娜
耶十四 波唎婆囇莎訶十五
若有能於是經少分能惠施者等於三千大千世界滿中七寶布施陁羅尼曰
南謨薄伽勃底一 阿波唎蜜哆二 阿喻紇硯娜三 須毗你悉指陁四 囉佐耶五 怛他羯他耶六 怛姪他唵七 薩
婆素悉迦羅八 波唎輸底九 達磨底十 伽迦娜十一 莎訶某特迦底十二 薩婆婆毗輸底十三 摩訶娜
耶十四 波唎婆囇莎訶十五
若有能供養是經者則是供養一切諸經等无有異陁羅尼曰
南謨薄伽勃底一 阿波唎蜜哆二 阿喻紇硯娜三 須毗你悉指陁四 囉佐耶五 怛他羯他耶六 怛姪他唵七
薩婆素悉迦羅八 波唎輸底九 達磨底十 伽迦娜十一 莎訶某特迦底十二 薩婆婆毗輸底十三 摩
訶娜耶十五 波唎婆囇莎訶十五
如是毗婆尸佛尸弃佛毗舍浮佛俱留孫佛俱那含牟尼佛迦葉佛釋迦牟尼佛若有人以七寶
供養如是七佛其福有限書寫受持是无量壽經典所有功德不可限量陁羅尼曰

娑婆桒悉迦羅 波唎輸底 達磨底 伽迦娜 莎訶其特迦底 薩婆娑婆毗輸底 摩訶
娜耶十四 波唎婆羅莎訶 十五
若有七寶等於須弥以用布施其福上能知其限量是无量壽經典其福不可知數陁羅尼曰
南謨薄伽勃底一 阿波唎蜜哆二 阿喻紇硯娜三 須毗你悉指陁四 囉佐耶五 怛他羯他耶六 怛姪他唵七 薩婆
桒悉迦羅八 波唎輸底九 達磨底十 伽迦娜十一 莎訶其特迦底十二 薩婆娑婆毗輸底十三 摩訶娜耶十四
波唎婆羅莎訶 十五
如是四大海水可知滴數是无量壽經典所生果報不可數量陁羅尼曰
南謨薄伽勃底一 阿波唎蜜哆二 阿喻紇硯娜三 須毗你悉指陁四 囉佐耶五 怛他羯他耶六 怛姪他唵七 薩
婆桒悉迦羅八 波唎輸底九 達磨底十 伽迦娜十一 莎訶其特迦底十二 薩婆娑婆毗輸底十三 摩訶娜
耶十四 波唎婆羅莎訶 十五
若有自書寫使人書寫是无量壽經典又能護持供養即如来敬供養一切十方佛土如来无有
別異陁羅尼曰 南謨薄伽勃底一 阿波唎蜜哆二 阿喻紇硯娜三 須毗你悉指陁四 囉佐耶五
怛他羯他耶六 怛姪他唵七 薩婆桒悉迦羅八 波唎輸底九 達磨底十 伽迦娜十一 莎訶其特迦底十二
薩婆娑婆毗輸底十三 摩訶娜耶十四 波唎婆羅莎訶十五
布施力能成正覺 悟布施力人師子 布施力能聲普聞 慈悲階漸最能入
持戒力能成正覺 悟持戒力人師子 持戒力能聲普聞 慈悲階漸最能入
忍辱力能成正覺 悟忍辱力人師子 忍辱力能聲普聞 慈悲階漸最能入

忍辱力能成正覺　悟忍辱力人師子　忍辱力能聲普聞　慈悲皆滿最能　入

精進力能成正覺　悟精進力人師子　精進力能聲普聞　慈悲皆滿最能　入

禪定力能成正覺　悟禪定力人師子　禪定力能聲普聞　慈悲皆滿最能　入

智慧力能成正覺　悟智慧力人師子　智慧力能聲普聞　慈悲皆滿最能　入

尒時如來說是經已一切世間天人阿脩羅揵闥婆等聞佛所說皆大歡喜信受奉行

佛說无量壽宗要經

BD00992-1　一切佛心咒・一切佛心印咒（擬）

BD00992-2　延壽命經（大本）

BD00992-3　彌勒下生成佛經

（後秦）鳩摩羅什　譯

BD00992v-1　佛教真言（擬）

BD00992v-2　隨求即得大自在陀羅尼神咒經

（唐）寶思惟　譯

184.9cm × 25.2cm

前佛心咒唵一薩婆怛他揭他莫含嘌帝二合鉢唎二合伐
唎揭多婆重屯耆嚀演都麼乃禁罕囉薩婆跛劍
馱葉四博蒲誓底二合唎婆二合重蹴都五羊支六毗羊
支去遮剎遮剎佈八揭帝九波安重取阿唎祢十步地重
步地十一步陀重取步陀乖十二勃地剎勃地臨十三薩婆
怛他揭他積嘌二合陀取十四樹羅毗𦻙二合□毗訶
前佛心咒唵一杖析唎二合杖庄二杖析唎三鉢取二合庄毗耻二合台
底翰揭三但他揭多沒陀取四二合地毗咤二合耶地毗耻二合庄訶

[illegible]

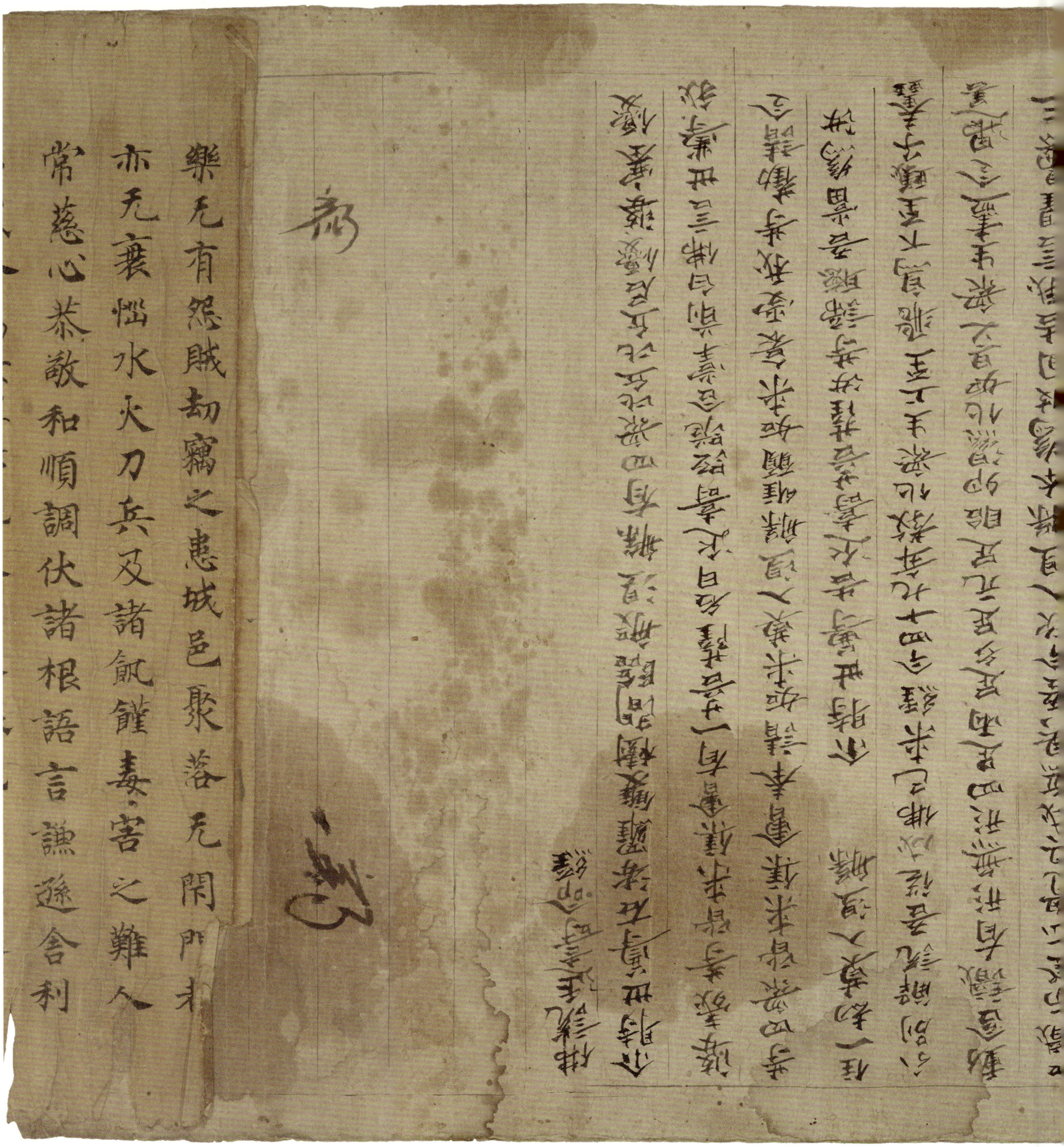

BD00992－1　一切佛心咒・一切佛心印咒（擬）　BD00992－2　延壽命經（大本）　BD00992－3　彌勒下生成佛經

常慈心恭敬和順調伏諸根語言謙遜舍利
弗我今爲汝粗毗說彼國界城邑冨樂之事
其諸園林池泉之中自然而有八功德水青紅
赤白雜色蓮華遍覆其上其池四邊有四寶
階道衆鳥和集鵝鴨鴛鴦孔雀翡翠鸚鵡
舍利鳩那羅耆婆耆婆等諸妙音鳥常在其
中復有異類妙音之鳥不可稱數菓樹香樹
充滿國內
尒時閻浮提中常有好香譬如香山流水美好
味甘除患雨澤隨時穀稼滋茂不生草穢一種
七獲用功甚少所收甚多食之香美氣力充實
其國尒時有轉輪王名曰蠰佉有四種兵不以威
武治四天下其王千子勇健多力能破怨敵王
有七寶金輪寶象寶馬寶珠寶女寶主藏寶
主兵寶又其國土有七寶臺舉高千丈千頭

一車廣六[illegible][illegible][illegible]有四大藏一一大藏各有四
億小藏圍遶伊勒鉢大藏在乹陁羅國般軸
迦大藏在彌提羅國賓迦羅大藏在須羅吒
國蠰佉大藏在波羅㮈國此四大藏縱廣千
由旬滿中珎寶各有四億小藏附之有四大
龍王各自守護此四大藏及諸小藏自然涌出形
如蓮華无鞅數人皆共往觀是時衆寶无守護
者衆人見之心不貪著棄之於地猶如凡石
草木土塊時人見者皆生猒心而作是念往
昔衆生為此寶故共相殘害更相偷刼欺誑
妄語令生死罪緣展轉增長翅頭末城衆寶
羅網彌覆其上寶鈴莊嚴微風吹動其聲和
雅如扣鍾磬其城中有大婆羅門主名曰妙梵
婆羅門女名曰梵摩波提彌勒託生以為父母身

雅好打鐘磬其城中有大婆羅門主名曰妙梵
婆羅門女名曰梵摩波提弥勒託生以為父母身
紫金色三十二相衆生視之无有猒足身力无
量不可思議光明照耀无所鄣礙日月火珠都
不復現身長千尺胷廣三十丈面長二丈四尺
身體具足端政无比成就相好如鑄金像内眼清淨
見十由旬常光四照面百由旬日月珠火光不復
現但有佛光殊妙第一弥勒菩薩觀世五欲致
患甚多衆生沉沒在大生死甚可憐愍自以如
是正念觀故不樂在家時蠰佉王共諸大臣持
此寶臺奉上弥勒弥勒受已施諸婆羅門婆羅
門受已即便毀壞各共分之弥勒菩薩見此
妙臺須臾无常知一切法皆亦磨滅脩无常相
出家學道坐於龍華菩提樹下樹莖枝葉高五
十里即以出家日得阿耨多羅三藐三菩提是時

諸天龍神王不現其身雨華香供養於佛三
千大千世界皆大震動佛身出光照无量國
應可度者皆得見佛
尒時人民各作是念我等雖復千万億歲受五欲
樂不能得免三惡道苦妻子財產所不能救世
間无常命難久保我等今者宜於佛法脩行梵
行作是念已出家學道時蠰佉王亦共八萬四千
大臣恭敬圍遶出家學道復有八萬四千諸
婆羅門聰明大智於佛法中亦共出家復有
長者名須達那今須達長者是是人亦與
八萬四千人俱共出家復有梨師達多富
蘭那兄弟亦與八萬四千人出家復有二
大臣一名栴檀二名須蔓王所愛重亦與八
万四千人俱於佛法中出家蠰佉王寶女名

大臣一名栴檀二名須曼王所愛重亦與八
万四千人俱於佛法中出家蠰佉王寶女名
舍弥婆帝今之毗舍佉是亦與八萬四千綵女俱
共出家蠰佉王太子名曰天色今提婆那是亦
與八萬四千人俱共出家弥勒佛親族婆羅
門子名須摩提利根智慧今欝多羅是亦與
八萬四千人俱於佛法中出家如是等无量千
萬億衆見世苦惱皆於弥勒佛法中出家尒
時弥勒佛見諸大衆作是念言今諸人等不以
生天樂故亦復不為今世樂故来至我所但為涅
槃常樂因緣是諸人等皆於佛法中種諸善根
釋迦牟尼佛遣来付我是故今者皆至我所
我今受之是諸人等或以讀誦分別決定脩妬
路毗尼阿毗曇藏脩諸功德来至我所或以衣食
施人持戒智慧脩此功德来至我所或以當

蓋華香供養於佛修此功德来至我所或以
布施持齋脩習慈心行此功德来至我所或以
苦惱衆生令其得樂脩此功德来至我所或
以持戒忍辱脩清淨慈以此功德来至我所
或以施僧常食齋講設會供養飯食脩此
功德来至我所或以持戒多聞脩行禪定
无漏智慧以此功德来至我所或有起塔
供養舍利以此功德来至我所善哉釋迦
牟尼佛能善教化如是等百千萬億衆生令
至我所弥勒佛如是三稱讚釋迦牟尼佛然
後說法而作是言汝等衆生能為難事於彼
惡世貪欲瞋恚愚癡迷惑短命人中能脩持
戒作諸功德甚為希有

伽盈泮菴鉢囉底訶多耶泮婆羅鉢唎那那阿索
唎尾咀唎般那葛唎夜泮誐至麼ㄙ努耄多
唓咤唵唎唓多跛ㄙ唓多嚩嚧多唓多底泗擬
字由喰那薩他阿醯多剎那尸麼湯南葛路
那佉唎尾娜湯南葛鉢那底喰湯南葛路那
麼曩盤南葛路那挹愷娃他阿那令阿那令
尾舍麟底尾気底咮唎咮唎婆嘮唎撻唲伴
他伴他婆嘮唎跛尼吽吽泮泮莎訶 吽嗤嚕盤
他泮莎訶 愷娃他唵嗤嚕吽泮隨喀义際义婆頭
唵吽吽嚕伴隨嚩婆嘮跛尼吽吽泮泮莎訶嗤嗤
嚕盤他泮莎訶愷娃他唵嗤嚕吽吽隨泮隨泮
立吝人吝又吝訶查牛出嚕半亥半立 乙亡人元人

菩栰吠吉伽吠吠薩訶　唵怛他揭都烏瑟尼沙
安那婆盧吉多杜嘌他帝唹吠尸唵嚩婆吠
嘮吠諾哥諾哥尾謀哥尾謀哥榛吠榛吠尾
榛吠尾榛吠真那真那顛那顛那吽吽泮薩訶
唵薩縛怛他揭都烏瑟尼沙薩訶吽泮薩訶怛他
他阿那含阿那含渴羌昵渴羌昵尾吠嚧昵嚧昵薩
婆縛傘瀲潑羌忠又那潑亦底薩婆哩他揭都烏
瑟尼沙羌多得鉢怛囉吽泮唵摩ム吽你薩訶
南摩薩婆傘陁喃唵怛他揭都烏瑟尼沙尸安
那婆嚧吉多芸哩那蜜芸佉嘮吠摩吠薩婆
尾娜陵吠栰萬吠跋帝吽發摑了

尾娜陁那揭菩唄跋帝吽釜摑了

佛說大隨求即得大自在陁羅尼神呪經如是我聞一時薄
婆伽婆在王舍城大耆闍崛山與諸弟子共會
說法於是娑婆世界主梵天王來詣佛所在遠
三匝頂礼佛足合掌向佛而白佛言惟願世尊
為利益眾生故說陁羅尼神呪令諸人天普得安

何此利益之實深義是令之至極於諸分別消除山
隨求即得大自在陁羅尼神咒能與一切衆生最勝
安樂不爲一切夜叉羅剎含癲癎病餓鬼寒儀
隨鬼諸鬼神等作諸惱害亦不爲寒熱等病之
所侵損所求之事恒常得勝不爲刑戮侵嬈
之所侵害能摧他敵厭蠱呪咀不能爲害先
業之罪悉得消滅毒不能害火不能燒刀不
能傷水不能溺不爲雷電霹靂及非時惡風
暴雨之所損害若有受持此呪者所在得
勝若能書寫帶於頸上若能臂上是人能
成一切善事最勝清淨常爲諸天龍王之所擁護
又爲諸佛菩薩之所憶念金剛蜜跡四天大王及
帝釋大梵天王毗紐天大自在俱摩羅軍荼毗
那夜迦大黑天難提鷄說諸天等晝夜亦常隨

BD00992v-1　佛教真言（擬）　　BD00992v-2　隨求即得大自在陀羅尼神咒經

那夜迦大黑天難提鷄說諸天等晝夜常隨
遂擁護持此呪者又為摩帝揵拏天眾及餘
自在諸天神眾亦於是擁護又為諸摩天眾
及諸眷屬諸神呪諸神大藏德者所請眷
俱薩神拔折羅商羯羅神摩莫鷄神毗俱知
神多羅神摩訶迦羅神摩度多神斫羯羅波
尼神大力神長壽天摩訶提毗神迦羅羯尼
神花遊神摩尼珠聚神金聚神賓薩羅
器神電髮神迦羅呪利神毗俱知神堅勢地
神烏薩神什伐羅多那耶神大怒神執鋼
摩尼光神園知尼神闍毗神佛陀施羅波利
尼神櫻鷄羅神并若餘無量諸天神等彼讚
衆善來擁護於此神呪在身手者鬼子母

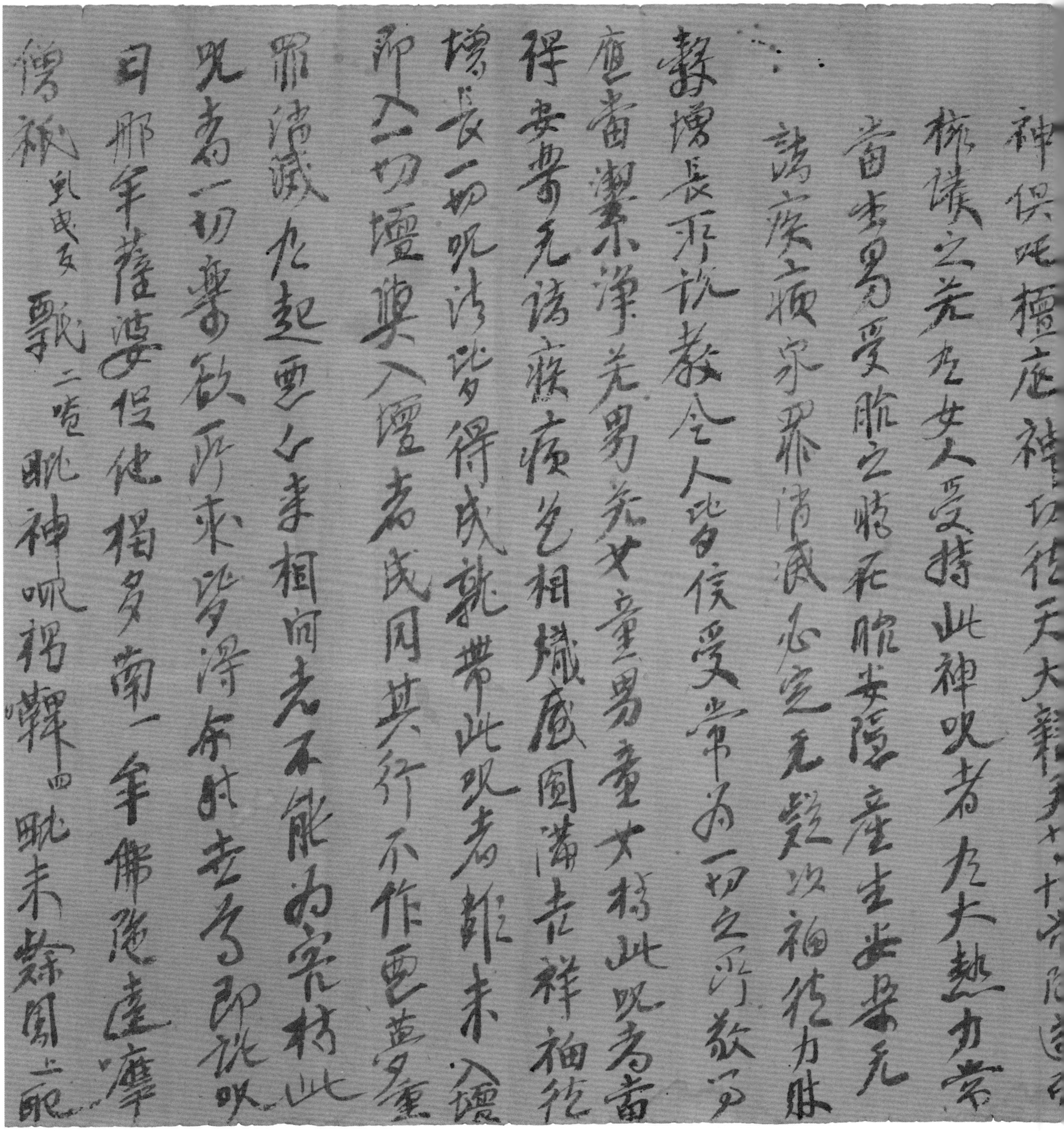

神俱吒檀底神功德天大辯天十六
梯儀之若有女人受持此神呪者有大勢力常
當生男受胎之時胎安隱產生安樂无
諸疾病衆罪消滅必定无疑以福德力財
寶增長所說教令人皆信受常爲一切之所敬重
應當潔淨若男若女童男童女持此呪者常
得安樂无諸疾病色相熾盛圓滿吉祥福德
增長一切呪法皆得成就帶此呪者雖未入壇
即入一切壇場入壇者成同其行不作惡夢重
罪消滅有起惡心來相向者不能爲害持此
呪者一切意欲所求皆得今時世尊即說呪
曰 那牟薩婆怛他揭多南一 牟佛陀達摩
僧祇弭民反 瓢二 唵 毗神呬揭囉四 毗末禁閨上毗

BD00992v-2　隨求即得大自在陀羅尼神咒經

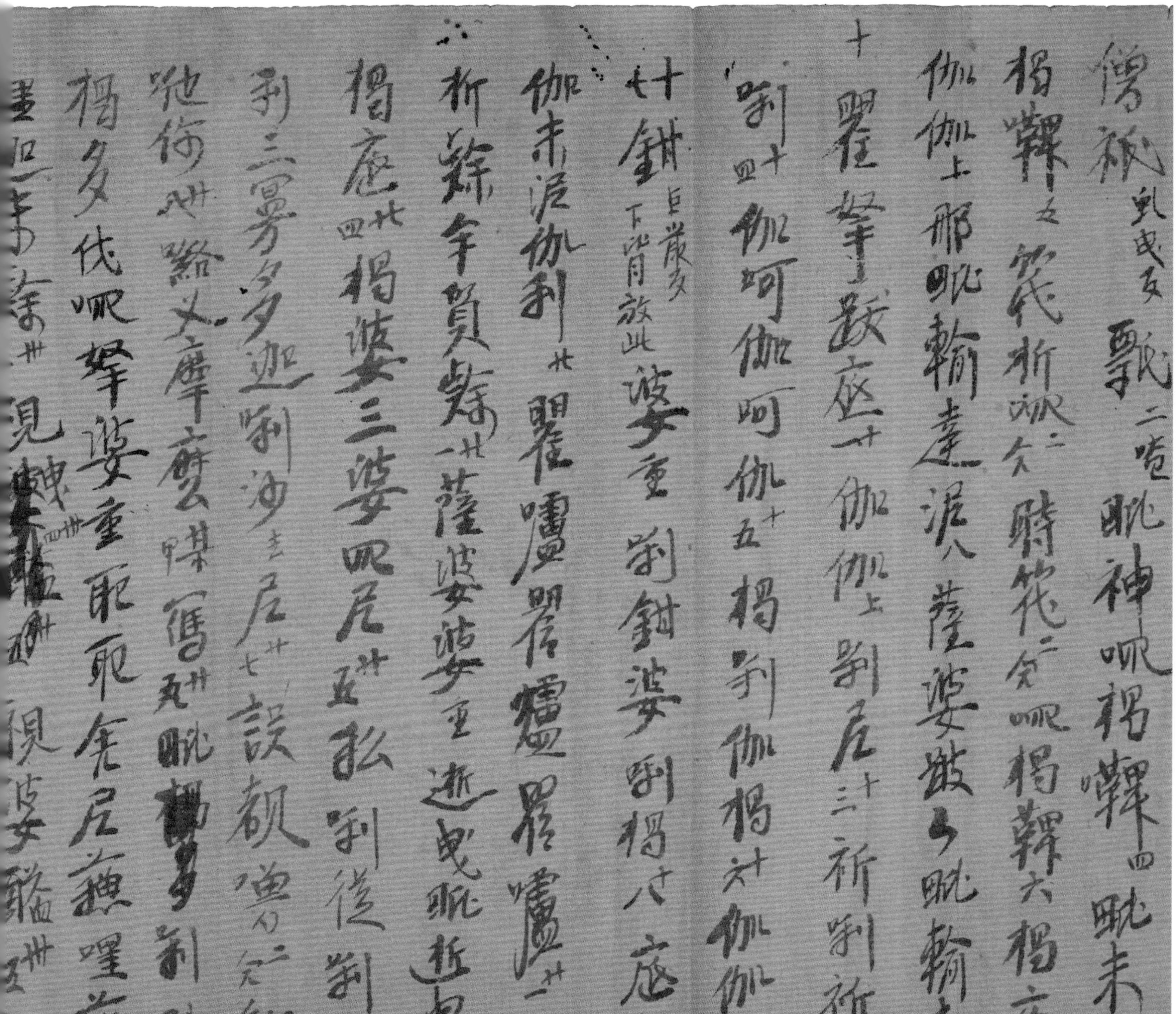

儜祇乳曳反䭾二唵毗神呎揭囉四毗末蒜闍上䩫
揭囉五筏折㖡二合時筏二合呎揭囉六揭底伽呵泥七
伽伽上那毗輸達泥八薩婆跋〇毗輸達泥九𠻬
十瞿婆跋底十一伽伽上剃尼十二祈剃祈剃十三伽末
剃十四伽呵伽呵伽十五揭剃伽揭十六伽伽剃伽伽剃
廿鉗上嵌反下皆放此婆重剃鉗婆剃揭八底揭底十九
伽末泥伽剃廿瞿嚧瞿嚧瞿嚧廿二折之反引蒜
折蒜伞質蒜廿一薩婆婆重逝曳毗逝曳尼毗毗
揭底廿四揭婆三婆毗尼廿五訟剃從剃廿六逸剃逸
剃三冨多多迦剃海去尼廿七設覩噹二合鉢邪二合末
弛㣥廿八谿文摩磨雲喋雋廿九毗揭多剃毗剃卅毗
揭多伐呎婆婆重耶耶舍尼薜嘌薜嘌卅二質

六卄 波婆伽誐底卄七 呬怛那二合 摩偡吒 摩偡哩 達剎

八卄 毗娑多呬二合 鞞沙路波剎陁尼卄九 波婆伽跋

底蕊地耶二合 提毗卌 谿又雜 摩𡃤合 摩多柰甲 寫

一卌 三曼多迦呬毗輸達你卌二 呼嚧呼嚧 謨剎但

呬二合 摩𡃤呬陁 剎若卌四 甄攞甄攞你甄尼你

五卌 鞞伽跢帝卌六 薩波婆突瑟吒二合 你波婆呬虎

七卌 設覩嚕弟特又饒呬二合 文摩他你卌八 毗闍耶

波婆四 你卌九 呼上本 嚧呼嚧呼五十 嬈嚧嬈嚧柰

嚧二 朱嚧向度波剌你三 薩呬波婆呬摩訶你四

薩波婆提波婆多補視底地剎五 地剎三曷多多波婆

盧夫帝七 波上呬二合 鞞波呬鞞嚧八 薩婆呬二合 波婆

重輸梯九 薩婆跛波毗輸達你六十 馱呬馱呬

BD00992v-2　隨求即得大自在陀羅尼神咒經

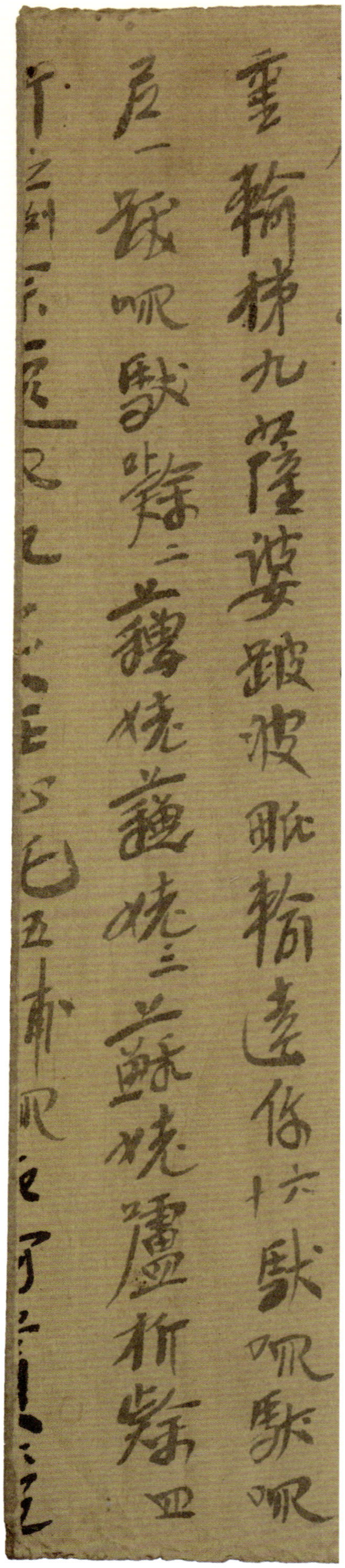

BD00993-1 佛頂尊勝陀羅尼經序

（唐）志靜 述

BD00993-2 佛頂尊勝陀羅尼經

（唐）佛陀波利 譯

BD00993-3 佛頂尊勝陀羅尼經

（唐）佛陀波利 譯

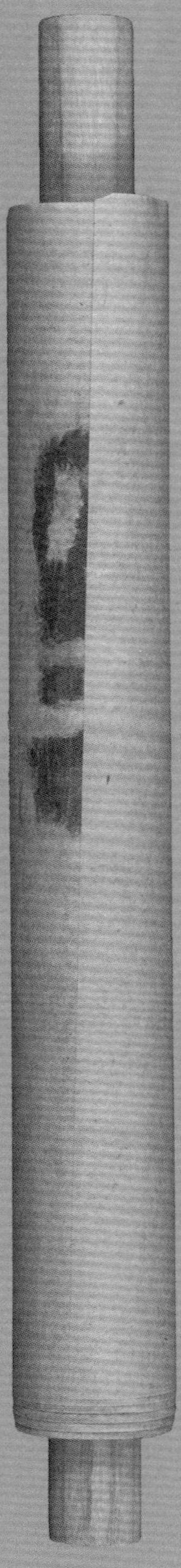

274.8cm × 25.4cm

薩波利□□□逢八
□來敬謁伏乞大慈大□
□雨淚向山頂礼礼已舉
八從山中出來遂作婆羅門語謂
情存慕道遐訪聖蹤不憚劬勞
然漢地衆生多造罪業出家之
律唯有佛頂尊勝陀羅尼經能滅
知法師頗將經來不僧曰貧道直來礼謁不將
經來老人曰既不將經空來何益縱見文殊亦何
必識師可到向西國取此經來流傳漢土即是
遍奉衆聖廣利群生拯濟幽明報諸佛恩
也師取經來至此弟子當示師文殊師利
菩薩所在僧聞此語不勝喜躍遂裁抑悲
□至心敬礼舉頭之頃忽不見老人其僧驚

悔倍更虔心繫念傾誠迴向西國取佛頂尊
勝陁羅尼經至永淳二年迴至京具以上事
聞奏大帝大帝遂將本入內請日照三藏法師
及勅司賓寺典客令杜行顗等共譯此經施
僧絹三十疋其經本禁在內不出其僧悲泣
奏曰貧道捐軀委命遠取經來情望普濟群
生救拔苦難不以財寶為念不以名利關懷請
還經本流行庶望含靈同益帝遂留翻得之經
還僧梵本僧得梵本將向西明寺訪得善梵
語漢僧順貞奏共翻譯帝隨其請僧遂對諸
大德共貞譯訖僧將梵本向五臺山入山於今
不出今前後所翻兩本並流行於代小小語有
不同者幸勿恠焉至垂拱三年定覺寺主僧
志靜因停在神都魏國東寺親見日照三藏

至靜因停在神都魏國東寺親見日照三藏
法師問其逗留一如上說志靜遂就三藏法師
諮受神呪法師於是口宣梵音經二七日句句
委授具足梵音一无差失仍更取舊翻梵本
勘校所有脫錯悉皆改定其呪初注云最後別
翻者是也其呪句稍異於杜令所翻者其新呪
改定不錯并注其音訖後有學者幸詳此焉
至永昌元年八月於大敬愛寺見西明寺上
座澄法師問其逗留亦如前說其翻經僧順
貞見在住西明寺此經救拔幽顯最不可
思議恐學者不知故具錄委曲以傳未悟

佛頂尊勝陀羅尼經

罽賓沙門佛陀波利譯

如是我聞一時薄伽梵在室羅筏住誓多林
給孤獨園與大苾蒭衆千二百五十人俱又

佛頂尊勝陁羅

罽賓沙門佛陁波利奉

如是我聞一時薄伽梵在室羅筏住誓多林

給孤獨園與大苾芻衆千二百五十人俱

與諸大菩薩僧萬二千人俱

尒時三十三天於善法堂會有一天子名曰

善住與諸大天遊於園觀又與大天受勝尊

貴與諸天女前後圍繞歡喜遊戲種種音樂

娛樂受諸快樂尒時善住天子即於夜分聞有

聲言善住天子却後七日命將欲盡命終之

後生贍部洲受七返傍生身即受那落迦苦

從地獄出希得人身生於貧賤處於母胎

即无兩目

BD00993-1　佛頂尊勝陀羅尼經序　　BD00993-2　佛頂尊勝陀羅尼經　　BD00993-3　佛頂尊勝陀羅尼經

如是我聞一時薄伽梵在室羅筏住誓多林
給孤獨園與大苾芻衆千二百五十人俱又
與諸大菩薩僧万二千人俱尒時三十三天
於善法堂會有一天子名曰善住與諸大天
遊於園觀又與大天受勝尊貴與諸天女前
後圍繞歡喜遊戲種種音樂共相娛樂受諸
快樂尒時善住天子即於夜分聞有聲言善
住天子却後七日命將欲盡命終之後生贍
部洲受七返畜生身即受地獄苦從地獄出希
得人身生於貧賤處於母胎即无兩目
尒時善住天子聞此聲已即大驚怖身毛皆
竪愁憂不樂速疾往詣天帝釋所悲號啼哭
惶怖无計頂禮帝釋二足尊已白帝釋言聽
我所說我與諸天女共相圍遶受諸快樂聞
有聲言善住天子却後七日命將欲盡命終
之後生贍部洲七返受畜生身受七身已即

生詣地獄從地獄出希得人身生貧賤家无
其兩目天帝云何令我得免斯苦
尒時帝釋聞此語已甚大驚愕即自思惟此
善住天子受何七返惡道之身
尒時帝釋須臾靜住入定諦觀即見善住當
受七返惡道之身所謂猪狗野干獼猴蟒蛇
烏鷲等身食諸穢惡不淨之物
尒時帝釋觀見善住天子當墮七返惡道之身
極助苦惱痛割於心諦思无計何所歸依唯
有如來應正等覺令其善住得免斯苦
尒時帝釋即於此日初分夜時以種種花鬘
塗香末香以妙天衣莊嚴執持往詣誓多林
園於世尊所到已頂禮佛足右遶七帀即於
佛前廣大供養佛前胡跪而白佛言世尊善
住天子云何當受七返畜生惡道之身具如

住天子云何當受七返畜生惡道之身具如
上說
尒時如來頂上放種種光遍昭十方一切世界
已其光還來遶佛三帀從佛口入佛便微
笑告帝釋言天帝有陀羅尼名爲如來佛頂
尊勝能淨一切惡道能淨除一切生死苦惱
又能淨除諸地獄閻羅王界畜生之苦又破一
切地獄能迴向善道天帝此佛頂尊勝陀羅
尼若有人聞一經於耳先世所造一切地獄
惡業皆悉消滅當得清淨之身隨所生處憶
持不忘從一佛刹至一佛刹從一天界至一
天界遍歷三十三天所生之處憶持不忘天
帝若人命欲將終須臾憶念此陀羅尼還得
增壽得身口意淨身无苦痛隨其福利隨處
安隱一切如來之所觀視一切天神恒常侍衛

帝若人能須臾讀誦此陁羅尼者此人所有
一切地獄畜生閻羅王界餓鬼之苦破壞消滅
无有遺餘諸佛剎土及諸天宮一切菩薩所
住之門无有鄣㝵隨意遊入
尒時天帝白佛言世尊唯願如來為衆生說
增益壽命之法
尒時世尊知帝釋意心之所念樂聞佛說是陁
羅尼法即說呪曰
那謨薄伽跋帝一啼(入聲)㘑路迦鉢囉底毗失
瑟吒(引杯佳反下同)耶(余何反下同)二勃陁耶三薄伽跋帝四怛姪
他五唵(引)六毗輸(上)馱耶七娑摩三漫(平)多縛(父何反)
婆娑八娑㨶囉拏揭底伽訶(上)那娑婆縛秣
(輸律反)地九阿鼻詵者(去)蘇(上)揭多伐折那阿
嘧嘌多毗㘑罽(平)十阿訶(上)囉阿訶囉一十阿

BD00993-3　佛頂尊勝陀羅尼經

嚧嘌多毗𠼝罰平十阿訶上囉阿訶囉十一阿
瑜散去陀羅𡰱十二輸上馱耶輸馱耶十三伽伽那
毗秫提十四信瑟𡰱沙毗逝耶秫提十五娑訶上娑
囉喝囉濕弭珊珠地帝十六薩婆怛他揭多
地瑟咤那頞信割反地瑟恥帝慕姪隸十七跋折
囉迦去引耶僧訶上多耶秫提十八薩婆伐囉拏
毗秫提十九鉢囉底你伐怛耶阿瑜秫提二十薩
末耶遏地瑟恥帝二十一末你末你末你二十二怛闥多部
多俱胝鉢利秫提二十三毗薩普咤勃地徒賣反秫
提二十四社耶社耶二十五毗社耶毗社耶二十六薩末
囉薩末囉勃陀遏地瑟恥多秫提二十七柭折
梨柭折囉揭鞞二十八柭折藍婆伐都二十九摩
摩某甲受持者自稱名薩婆薩埵寫迦去引耶毗秫提三十薩婆
[illegible]三十[illegible]

遏地瑟耻帝二　□陀下同　□陀三　蒲　馱
耶蒲馱耶三漫多鉢利秫提三十四薩婆怛他
揭多地瑟咤引那遏地瑟耻帝三十五莎婆訶
三十六
佛告帝釋言此咒名淨除一切惡道佛頂尊
勝陀羅尼能除一切罪業等鄣能破一切
穢惡道苦天帝此陀羅尼八十八殑伽沙俱胝
百千諸佛同共宣說隨喜受持大如來智印
印之為破一切衆生穢惡道苦故為一切地
獄畜生閻羅王界衆生得解脫故臨急苦難
墮生死海中衆生得解脫故短命薄福无救
護衆生樂造雜染惡業衆生故說又此陀羅
尼於贍部洲住持力故能令地獄惡道衆生
種種流轉生死薄福衆生不信善惡業失正

BD00993-3　佛頂尊勝陀羅尼經

居於贍部洲作於大苦能令地獄惡道衆生
種種流轉生死薄福衆生不信善惡業失正
道衆生等得解脱義故
佛告天帝我説此陁羅尼付囑於汝汝當授
與善住天子復當受持讀誦思惟愛樂憶念
供養於贍部洲一切衆廣爲宣説此陁羅尼
印付囑於汝天帝汝當善持守護勿令忘失
天帝若人須臾得聞此陁羅尼千劫已來積
造惡業重鄣應受種種流轉生死地獄餓鬼畜
生閻羅王界阿脩羅身夜叉羅刹鬼神布單
那羯吒布單那阿波娑摩羅蚊虻龜狗蟒虵
一切諸鳥及諸猛獸一切蠢動含靈乃至蟻
子之身更不重受即得轉生諸佛如來一生
補處菩薩同會處生或得大姓婆羅門家生
或得大刹利種家生或得豪貴豪族家生天

帝此人得如上貴處生者皆由此陀羅尼故
轉所生處皆得清淨天帝乃至得到菩提道
場最勝之處皆由讚美此陀羅尼功德如是
天帝此陀羅尼名吉祥能淨一切惡道此佛
頂尊勝陀羅尼猶如日藏摩尼之寶淨无瑕
穢淨等虛空光焰照徹无不周遍若諸衆生
持此陀羅尼亦復如是亦如閻浮檀金明淨
柔軟令人喜見不為穢惡之所染著天帝若
有衆生持此陀羅尼亦復如是乘斯善淨
得生善道天帝此陀羅尼所在之處若能書
寫流通受持讀誦聽聞供養能如是者一
道皆得清淨一切地獄普悉皆消滅佛
寫此陀羅尼安高幢

BD00994 大般若波羅蜜多經卷六六

（唐）玄奘 譯

BD00994v 勘記

134.7cm × 25cm

大般若波
初分無所得品第
舍利子異生地
埊法無所有不
無所有不可得
種姓埊法无
生埊法無
八埊法無所
埊法於第
於異生種姓埊法无
姓第八地法於具見
見地法性空故具見地
有不可得具見地法於
無所有不可得異生種

處地法無所有不可得薄地法
法於薄地法無所有不可得薄
種姓第八具見薄地法無所有不
姓第八具見薄地法於離欲地
可得離欲地法性空故離欲地法
無所有不可得離欲地法於異
八具見薄地法无所有不可得異
八具見薄離欲地法於已辦地
可得已辦地法性空故已辦地
法無所有不可得已辦地法於
八具見薄離欲地法无所有不
姓第八具見薄離欲已辦地法於獨覺地
無所有不可得獨覺地法性空故獨覺地法於
獨覺地法無所有不可得獨覺地法於異生種
姓第八具見薄離欲已辦地法無所有不可

姓弟八具見薄離欲已辯地法無所有不可
得異生種姓弟八具見薄離欲已辯獨覺地
法於菩薩地法無所有不可得菩薩地法性
空故菩薩地法於菩薩地法無所有不可得
菩薩地法於異生種姓弟八具見薄離欲已
辯獨覺地法無所有不可得異生種姓弟八
具見薄離欲已辯獨覺菩薩地法於如來地
法無所有不可得如來地法性空故如來地
法於如來地法無所有不可得如來地法於
異生種姓弟八具見薄離欲已辯獨覺菩薩地
法無所有不可得舍利子我於如是諸法以
一切種一切處一切時求菩薩摩訶薩亦無
所有不可得何以故自性空故
舍利子異生地性空故異生地於異生地無
所有不可得異生地於種性地無所有不可

得種姓地性空故種姓地於種姓地無所有
不可得種姓地於異生地無所有不可得異
生種姓地於第八地無所有不可得第八地
性空故第八地於第八地無所有不可得第
八地於異生種姓地無所有不可得異生種
姓第八地於具見地無所有不可得具見地
性空故具見地於具見地無所有不可得具
見地於異生種姓第八地無所有不可得異
生種姓第八具見地於薄地無所有不可得
薄地性空故薄地於薄地無所有不可得薄
地於異生種姓第八具見地無所有不可得異
生種姓第八具見薄地於離欲地無所有不
可得離欲地性空故離欲地於離欲地無所
有不可得離欲地於異生種姓第八具見薄
地無所有不可得異生種姓第八具見薄離

有不可得離欲地於異生種姓第八具見薄
地無所有不可得異生種姓第八具見薄離
欲地於已辦地無所有不可得已辦地性空故
已辦地於已辦地無所有不可得已辦地於
異生種姓第八具見薄離欲地無所有不
可得異生種姓第八具見薄離欲已辦地
於獨覺地無所有不可得獨覺地性空故獨
覺地於獨覺地無所有不可得獨覺地於異
生種姓第八具見薄離欲已辦地無所有不
可得異生種姓第八具見薄離欲已辦獨覺
地於菩薩地無所有不可得菩薩地性空故
菩薩地於菩薩地無所有不可得菩薩地於
異生種姓第八具見薄離欲已辦獨覺地無
所有不可得異生種姓第八具見薄離欲已
辦獨覺菩薩地於如來地無所有不可得□

来地性空故如来地於如来地無所有不可
得如来地於異生種姓第八具見薄離欲已
辦獨覺菩薩地無所有不可得舍利子我於
如是諸法以一切種一切處一切時求菩薩
摩訶薩亦無所有不可得何以故自性空故
舍利子預流向法性空故預流向法於預流
向法無所有不可得預流向法於預流果法
無所有不可得預流果法性空故預流果法
於預流果法無所有不可得預流果法於預
流向法無所有不可得預流向法預流果法
於一来向法無所有不可得一来向法性空

BD00994v　勘記

BD00995 大般若波羅蜜多經卷六七

（唐）玄奘 譯

BD00995v 勘記

92.9cm × 25.6cm

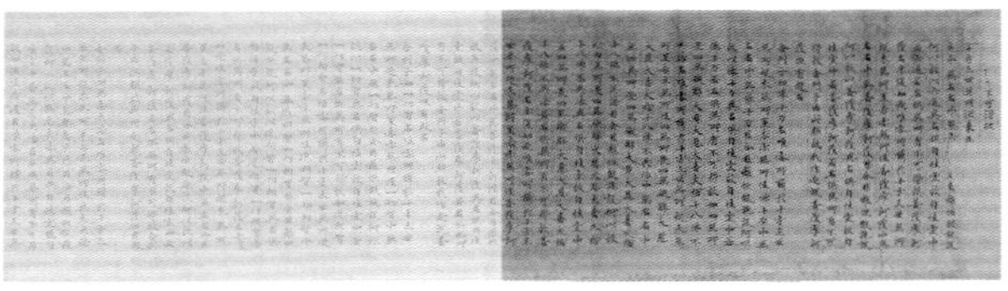

……不可得故
十方三世無所從来而
通中無名名中無六通非合非離但假施設
何以故以六通與名俱自性空故自性空中
若六通若名俱無所有不可得故菩薩摩訶
薩名亦復如是唯客所攝於十方三世無所
從来無所至去亦無所住菩薩摩訶薩中無
名名中無菩薩摩訶薩非合非離但假施設
何以故以菩薩摩訶薩與名俱自性空故自
性空中若菩薩摩訶薩若名俱無所有不可
得故舍利子由此緣故我作是說菩薩摩訶
薩但有假名
舍利子如佛十力名唯客所攝於十方三世
無所從来無所至去亦無所住非十力中無

若[illegible]非離但假施設何以
故以佛十力與名俱自性空故自性空中若
佛十力若名俱無所有不可得故如四無所
畏四無礙解大慈大悲大喜大捨十八佛不
共法名唯客所攝於十方三世無所從來無
所至去亦無所住四無所畏四無礙解大慈
大悲大喜大捨十八佛不共法中無名名中
無四無所畏四無礙解大慈大悲大喜大捨
十八佛不共法非合非離但假施設何以故
以四無所畏四無礙解大慈大悲大喜大捨
十八佛不共法與名俱自性空故自性空中
若四無所畏四無礙解大慈大悲大喜大捨
十八佛不共法若名俱無所有不可得故菩
薩摩訶薩名亦復如是唯客所攝於十方三
世無所從來無所至去亦無所住菩薩摩訶

薩摩訶薩名亦復如是唯客所攝於十方三
世無所從來無所至去亦無所住菩薩摩訶
薩中無名名中無菩薩摩訶薩非合非離但
假施設何以故以菩薩摩訶薩與名俱自性
空故自性空中若菩薩摩訶薩若名俱無所
有不可得故舍利子由此緣故我作是說菩
薩摩訶薩但有假名
舍利子如一切智名唯客所攝於十方三世
無所從來無所至去亦無所住一切智中無
名名中無一切智非合非離但假施設何以
故以一切智與名俱自性空故自性空中若
一切智若名俱無所有不可得故如道相智
一切相智名唯客所攝於十方三世無所從
來無所至去亦無所住道相智一切相智中
無名名中無道相智一切相智非合非離但

假施設何以故以道相智一切相智與名俱
自性空故自性空中若道相智一切相智若
名俱無所有不可得故菩薩摩訶薩名亦復
如是唯客所攝於十方三世無所從來無所
至去亦無所住菩薩摩訶薩中無名名中無
菩薩摩訶薩非合非離但假施設何以故以
菩薩摩訶薩與名俱自性空故自性空中若
菩薩摩訶薩若名俱無所有不可得故舍利
子由此緣故我作是說菩薩摩訶薩但有假
名
舍利子如無忘失法名唯客所攝於十方三
世無所從來無所至去亦無所住無忘失法
中無名名中無無忘失法非合非離但假施
設何以故以無忘失法與名俱自性空故自
性空中若無忘失法若名俱無所有不可得

性空中若無忘失法若名俱無所有不可得
故如恒住捨性名唯客所攝於十方三世無

BD00995　大般若波羅蜜多經卷六七　（3–3）

BD00995v　勘記

BD00996 妙法蓮華經卷二

（後秦）鳩摩羅什 譯

602.9cm × 25.8cm

令子得出[illegible]

知財富无量欲饒益諸子等與大車佛告舍
利弗善哉善哉如汝所言舍利弗如来亦復
如是則為一切世間之父於諸怖畏衰惱憂
患无明暗蔽永盡无餘而悉成就无量知見
力无所畏有大神力及智慧力具足方便智
慧波羅蜜大慈大悲常无懈惓恒求善事利
益一切而生三界朽故火宅為度衆生生老
病死憂悲苦惱愚癡暗蔽三毒之火教化令
得阿耨多羅三藐三菩提見諸衆生為生老
病死憂悲苦惱之所燒煮亦以五欲財利故
受種種苦又以貪著追求故現受衆苦後受
地獄畜生餓鬼之苦若生天上及在人間貧

窮困苦愛別離苦怨憎會苦如是等種種諸
苦衆生沒在其中歡喜遊戲不覺不知不驚
不怖亦不生猒不求解脫於此三界火宅東
西馳走雖遭大苦不以爲患舍利弗佛見此
已便作是念我爲衆生之父應拔其苦難與
无量无邊佛智慧樂令其遊戲舍利弗如來
復作是念若我但以神力及智慧力捨於方
便爲諸衆生讚如來知見力无所畏者衆生
不能以是得度所以者何是諸衆生未免生
者[老]病死憂悲苦惱而爲三界火宅所燒何由
能解佛之智慧舍利弗如彼長者雖復身手
有力而不用之但以慇懃方便免
宅之難然後各與珎寶大車如來
雖有力无所畏而不用之但以

雖有力无所畏而不用之但
三界火宅拔濟衆生
佛乘而作是言汝等
貪麁弊色聲香味
燒汝速出三界當得三
我今為汝保任此事終不虚也汝等但當
脩精進如来以是方便誘進衆生復作是言
汝等當知此三乘法皆是聖所稱歎自在无
繫无所依求乘是三乘以无漏根力覺道禪
定解脱三昧等而自娱樂使得无量安隱快
樂舍利弗若有衆生内有智性從佛世尊聞
法信受慇懃精進欲速出三界自求涅槃是
名聲聞乘如彼諸子為求羊車出於火宅若
有衆生從佛世尊聞法信受慇懃精進求自

然慧樂獨善寂深知諸法因緣是名辟支佛
乘如彼諸子為求鹿車出於火宅若有衆生
從佛世尊聞法信受勤脩精進求一切智佛
智自然智无師智如来知見力无所畏愍念
安樂无量衆生利益天人度脫一切是名大
乘菩薩求此乘故名為摩訶薩如彼諸子為
求牛車出於火宅舍利弗如彼長者見諸子
等安隱得出火宅到无畏處自惟財富无量
等以大車而賜諸子如来亦復如是為一切
衆生之父若見无量億千衆生以佛教門出
三界苦怖畏險道得涅槃樂如来尒時便作
是念我有无量无邊智慧力无畏等諸佛法
藏是諸衆生皆是我子等與大乘不令有人
獨得滅度皆以如来滅度而滅度之是諸衆

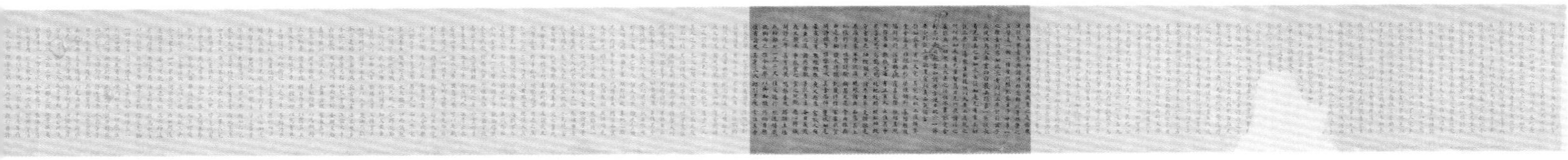

獨得滅度皆以如来滅度而滅度之是諸衆
生脫三界者悉與諸佛禪定解脫等娛樂之
具皆是一相一種聖所稱歎能生淨妙第一
之樂舍利弗如彼長者初以三車誘引諸子
然後但與大車寶物莊嚴安隱第一然彼長
者无虛妄之咎如来亦復如是无有虛妄初
說三乘引導衆生然後但以大乘而度脫之
何以故如来有无量智慧力无所畏諸法之
藏能與一切衆生大乘之法但不盡能受舍
利弗以是因緣當知諸佛方便力故於一佛
乘分別說三佛欲重宣此義而說偈言
譬如長者 有一大宅 其宅久故 而復頓弊
堂舍高危 柱根摧朽 梁棟傾斜 基陛頹毀
牆壁圮坼 泥塗褫落 覆苫亂墜 椽梠差脫

周障屈曲　雜穢充遍　有五百人　止住其中
鵄梟鵰鷲　烏鵲鳩鴿　蚖虵蝮蝎　蜈蚣蚰蜒
守宮百足　狖狸鼷鼠　諸惡虫輩　交横馳走
屎尿臭處　不淨流溢　蜣蜋諸虫　而集其上
狐狼野干　咀嚼踐蹹　嚌齧死屍　骨肉狼藉
由是群狗　競來搏撮　飢羸慞惶　處處求食
鬪諍齟掣　啀喍嘷吠　其舍恐怖　變狀如是
處處皆有　魑魅魍魎　夜叉惡鬼　食噉人肉
毒虫之屬　諸惡禽獸　孚乳產生　各自藏護
夜叉競來　爭取食之　食之既飽　惡心轉熾
鬪諍之聲　甚可怖畏　鳩槃荼鬼　蹲踞土埵
或時離地　一尺二尺　往反遊行　縱逸嬉戲
捉狗兩足　撲令失聲　以脚加頸　怖狗自樂
復有諸鬼　其身長大　裸形黑瘦　常住其中

捉狗兩足　撲令失聲　以脚加頸　怖狗自樂
復有諸鬼　其身長大　裸形黑瘦　常住其中
發大惡聲　叫呼求食　復有諸鬼　其咽如針
復有諸鬼　首如牛頭　或食人肉　或復噉狗
頭髮蓬亂　殘害凶險　飢渴所逼　叫喚馳走
夜叉餓鬼　諸惡鳥獸　飢急四向　窺看窓牖
如是諸難　恐畏无量　是朽故宅　屬于一人
其人近出　未久之間　於後舍宅　欻然火起
四面一時　其焰俱熾　棟梁椽柱　爆聲震裂
摧折墮落　墻壁崩倒　諸鬼神等　揚聲大叫
鵰鷲諸鳥　鳩槃荼等　周慞惶怖　不能自出
惡獸毒虫　藏竄孔穴　毗舍闍鬼　亦住其中
薄福德故　為火所逼　共相殘害　飲血噉肉
野干之屬　並已前死　諸大惡獸　競來食噉

臭烟熢㶿　四面充塞　蜈蚣蚰蜒　毒蛇之類
為火所燒　爭走出穴　鳩槃荼鬼　隨取而食
又諸餓鬼　頭上火然　飢渴熱惱　周章悶走
其宅如是　甚可怖畏　毒害火災　衆難非一
是時宅主　在門外立　聞有人言　汝諸子等
先因遊戲　來入此宅　稚小无知　歡娛樂着
長者聞已　驚入火宅　方宜救濟　令无燒害
告喻諸子　說衆患難　惡鬼毒虫　災火蔓莚
衆苦次第　相續不絕　毒虵蚖蝮　及諸夜叉
鳩槃荼鬼　野干狐狗　鵰鷲鵄梟　百足之屬
飢渴惱急　甚可怖畏　此苦難處　況復大火
諸子无知　雖聞父誨　猶故樂着　嬉戲不已
是時長者　而作是念　諸子如此　益我愁惱
今此舍宅　无一可樂　而諸子等　耽湎嬉戲

令此舍宅　无一可樂　而諸子等　耽湎嬉戲
不受我教　将爲火害　即便思惟　設諸方便
告諸子等　我有種種　珎玩之具　妙寶好車
羊車鹿車　大牛之車　今在門外　汝等出来
吾爲汝等　造作此車　隨意所樂　可以遊戲
諸子聞説　如此諸車　即時奔競　馳走而出
到於空地　離諸苦難　長者見子　得出火宅
住於四衢　坐師子座　而自慶言　我今快樂
此諸子等　生育甚難　愚小无知　而入險宅
多諸毒虫　魑魅可畏　大火猛焰　四面俱起
而此諸子　貪樂嬉戲　我已救之　令得脱難
是故諸人　我今快樂　尒時諸子　知父安坐
皆詣父所　而白父言　願賜我等　三種寶車
如前所許　諸子出来　當以三車　隨汝所欲

今正是時　唯垂給與　長者大富　庫藏衆多
金銀琉璃　車磲馬瑙　以衆寶物　造諸大車
莊挍嚴飾　周帀欄楯　四面懸鈴　金繩交絡
真珠羅網　張施其上　金華諸瓔　處處垂下
衆綵雜飾　周帀圍繞　柔軟繒纊　以為茵蓐
上妙細疊　價直千億　鮮白淨潔　以覆其上
有大白牛　肥壯多力　形體姝好　以駕寶車
多諸儐從　而侍衛之　以是妙車　等賜諸子
諸子是時　歡喜踊躍　乘是寶車　遊於四方
嬉戲快樂　自在无礙　告舍利弗　我亦如是
衆聖中尊　世間之父　一切衆生　皆是吾子
深著世樂　无有慧心　三界无安　猶如火宅
衆苦充滿　甚可怖畏　常有生老　病死憂患
如是等火　熾然不息　如來已離　三界火宅

衆苦充滿　甚可怖畏　常有生老　病死憂患
如是等火　熾然不息　如來已離　三界火宅
寂然閑居　安處林野　今此三界　皆是我有
其中衆生　悉是吾子　而今此處　多諸患難
唯我一人　能為救護　雖復教詔　而不信受
於諸欲染　貪著深故　是以方便　為說三乘
令諸衆生　知三界苦　開示演說　出世間道
是諸子等　若心決定　具足三明　及六神通
有得緣覺　不退菩薩　汝舍利弗　我為衆生
以此譬喻　說一佛乘　汝等若能　信受是語
一切皆當　得成佛道　是乘微妙　清淨第一
於諸世間　為无有上　佛所悅可　一切衆生
所應稱讚　供養礼拜　无量億千　諸力解脫
禪定智慧　及佛餘法　得如是乘　令諸子等

日夜劫數　常得遊戲　與諸菩薩　及聲聞衆
乘此寶乘　直至道場　以是因緣　十方諦求
更无餘乘　除佛方便　告舍利弗　汝諸人等
皆是吾子　我則是父　汝等累劫　衆苦所燒
我皆濟拔　令出三界　我雖先說　汝等滅度
但盡生死　而實不滅　今所應作　唯佛智慧
若有菩薩　於是衆中　能一心聽　諸佛實法
諸佛世尊　雖以方便　所化衆生　皆是菩薩
若人小智　深著愛欲　為此等故　說於苦諦
衆生心喜　得未曾有　佛說苦諦　真實无異
若有衆生　不知苦本　深著苦因　不能暫捨
為是等故　方便說道　諸苦所因　貪欲為本
若滅貪欲　无所依止　滅盡諸苦　名第三諦
為滅諦故　脩行於道　離諸苦縛　名得解脫

為滅諦故　脩行於道　離諸苦縛　名得解脫
是人於何　而得解脫　但離虛妄　名為解脫
其實未得　一切解脫　佛說是人　未實滅度
斯人未得　无上道故　我意不欲　令至滅度
我為法王　於法自在　安隱衆生　故現於世
汝舍利弗　我此法印　為欲利益　世間故說
在所遊方　勿妄宣傳　若有聞者　隨喜頂受
當知是人　阿鞞跋致　若有信受　此經法者
是人已曾　見過去佛　恭敬供養　亦聞是法
若人有能　信汝所說　則為見我　亦見於汝
及比丘僧　并諸菩薩　斯法華經　為深智說
淺識聞之　迷惑不解　一切聲聞　及辟支佛
於此經中　力所不及　汝舍利弗　尚於此經
以信得入　况餘聲聞　其餘聲聞　信佛語故

隨順此經　非己智分　又舍利弗　憍慢懈怠
計我見者　莫說此經　凡夫淺識　深著五欲
聞不能解　亦勿為說　若人不信　毀謗此經
則斷一切　世間佛種　或復顰蹙　而懷疑惑
汝當聽說　此人罪報　若佛在世　若滅度後
其有誹謗　如斯經典　見有讀誦　書持經者
輕賤憎嫉　而懷結恨　此人罪報　汝今復聽
其人命終　入阿鼻獄　具足一劫　劫盡更生
如是展轉　至无數劫　從地獄出　當墮畜生
若狗野干　其形㲉瘦　黧黮疥癩　人所觸嬈
又復為人　之所惡賤　常困飢渴　骨肉枯竭
生受楚毒　死被瓦石　斷佛種故　受斯罪報
若作駱駝　或生驢中　身常負重　加諸杖捶
但念水草　餘无所知　謗斯經故　獲罪如是

BD00996　妙法蓮華經卷二

若作駱駝　或生驢中　身常負重　加諸杖捶
但念水草　餘无所知　謗斯經故　獲罪如是
有作野干　來入聚落　身體疥癩　又无一目
為諸童子　之所打擲　受諸苦痛　或時致死
於此死已　更受蟒身　其形長大　五百由旬
聾騃无足　宛轉腹行　為諸小虫　之所唼食
晝夜受苦　无有休息　謗斯經故　獲罪如是
若得為人　諸根暗鈍　矬陋攣躄　盲聾背傴
有所言說　人不信受　口氣常臭　鬼魅所著
貧窮下賤　為人所使　多病痟瘦　无所依怙
雖親附人　人不在意　若有所得　尋復忘失
若脩醫道　順方治病　更增他疾　或復致死
若自有病　无人救療　設服良藥　而復增劇
若他反逆　抄劫竊盜　如是等罪　橫羅其殃

如斯罪人　永不見佛　衆聖之王　說法教化
如斯罪人　常生難處　狂聾心亂　永不聞法
於无數劫　如恒河沙　生輒聾瘂　諸根不具
常處地獄　如遊園觀　在餘惡道　如己舍宅
駝驢猪狗　是其行處　謗斯經故　獲罪如是
若得為人　聾盲瘖瘂　貧窮諸衰　以自莊嚴
水腫乾痟　疥癩癰疽　如是等病　以為衣服
身常臭處　垢穢不淨　深著我見　增益瞋恚
婬欲熾盛　不擇禽獸　謗斯經故　獲罪如是
告舍利弗　謗斯經者　若說其罪　窮劫不盡
以是因緣　我故語汝　无智人中　莫說此經
若有利根　智慧明了　多聞強識　求佛道者
如是之人　乃可為說　若人曾見　億百千佛
殖諸善本　深心堅固　如是之人　乃可為說

BD00996　妙法蓮華經卷二

殖諸善本　深心堅固　如是之人　乃可為說
若人精進　常脩慈心　不惜身命　乃可為說
若人恭敬　无有異心　離諸凡愚　獨處山澤
如是之人　乃可為說　又舍利弗　若見有人
捨惡知識　親近善友　如是之人　乃可為說
若見佛子　持戒清潔　如淨明珠　求大乘經
如是之人　乃可為說　若人无瞋　質直柔軟
常愍一切　恭敬諸佛　如是之人　乃可為說
復有佛子　扵大眾中　以清淨心　種種因緣
譬喻言辭　說法无礙　如是之人　乃可為說
若有比丘　為一切智　四方求法　合掌頂受
但樂受持　大乘經典　乃至不受　餘經一偈
如是之人　乃可為說　如人至心　求佛舍利
如是求經　得已頂受　其人不復　志求餘經

亦未曾念　外道典籍　如是之人　乃可為說
告舍利弗　我說是相　求佛道者　窮劫不盡
如是等人　則能信解　汝當為說　妙法華經

妙法蓮華經信解品第四

尒時慧命須菩提摩訶迦旃延摩訶迦葉摩
訶目揵連從佛所聞未曾有法世尊授舍利
弗阿耨多羅三藐三菩提記發希有心歡喜
踊躍即從座起整衣服偏袒右肩右膝著地
一心合掌曲躬恭敬瞻仰尊顔而白佛言我
等居僧之首年並朽邁自謂已得涅槃无所
堪任不復進求阿耨多羅三藐三菩提世尊
往昔說法既久我時在座身體疲懈但念空
无相无作於菩薩法遊戲神通淨佛國土成
就衆生心不憙樂所以者何世尊令我等出

就衆生心不憙樂所以者何世尊令我等出
於三界得涅槃證又今我等年已朽邁於佛
教化菩薩阿耨多羅三藐三菩提不生一念
好樂之心我等今於佛前聞授聲聞阿耨多
羅三藐三菩提記心甚歡喜得未曾有不謂
於今忽然得聞希有之法深自慶幸獲大善
利无量珎寶不求自得世尊我等今者樂說
譬喻以明斯義譬若有人年既幼稚捨父逃
逝久住他國或十二十至五十歲年既長大
加復窮困馳騁四方以求衣食漸漸遊行遇
向本國其父先來求子不得中止一城其家
大富財寶无量金銀琉璃珊瑚虎珀頗梨珠
等其諸倉庫悉皆盈溢多有僮僕臣佐吏民
象馬車乘牛羊无數出入息利乃遍他國商

估賈客亦甚衆多時貧窮子遊諸聚落經歷
國邑遂到其父所止之城父每念子與子離
別五十餘年而未曾向人說如此事但自思
惟心懷悔恨自念老朽多有財物金銀珎寶
倉庫盈溢无有子息一旦終沒財物散失无
所委付是以慇懃每憶其子復作是念我若
得子委付財物坦然快樂无復憂慮世尊尒
時窮子傭賃展轉遇到父舍住立門側遙見
其父踞師子床寶几承足諸婆羅門刹利居
士皆恭敬圍繞以真珠瓔珞價直千万莊嚴
其身吏民僮僕手執白拂侍立左右覆以寶
帳垂諸華幡香水灑地散衆名華羅列寶物
出內取與有如是等種種嚴飾威德特尊窮
子見父有大力勢即懷恐怖悔來至此竊作

子見父有大力勢即懷恐怖悔来至此竊作
是念此或是王或是王等非我傭力得物之
處不如往至貧里肆力有地衣食易得若久
住此或見逼迫強使我作作是念已疾走而
去時富長者於師子座見子便識心大歡喜
即作是念我財物庫藏今有所付我常思念
此子无由見之而忽自来甚適我願我雖年
朽猶故貪惜即遣傍人急追將還尒時使者
疾走往捉窮子驚愕稱怨大喚我不相犯何
為見捉使者執之逾急強牽將還于時窮子
自念无罪而被囚執此必定死轉更惶怖悶
絶躃地父遥見之而語使言不須此人勿強
將来以冷水灑面令得醒悟莫復與語所以
者何父知其子志意下劣自知豪貴為子所

審知是子而以方便不語他人云是我子
使者語之我今放汝随意所趣窮子歡喜得
未曾有從地而起往至貧里以求衣食尒時
長者將欲誘引其子而設方便密遣二人形
色憔悴无威德者汝可詣彼徐語窮子此有
作處倍與汝直窮子若許將来使作若言欲
何所作便可語之雇汝除糞我等二人亦共
汝作時二使人即求窮子既已得之具陳上
事尒時窮子先取其價尋與除糞其父見子
愍而恠之又以他日於窓牖中遥見子身羸
瘦憔悴糞土塵坌汙穢不淨即脱瓔珞細軟
上服嚴飾之具更著麁弊垢膩之衣塵土坌
身右手執持除糞之器狀有所畏語諸作人
汝等勤作勿得解息以方便故得近其子後

身右手執持除糞之器狀有所畏語諸作人
汝等勤作勿得懈息以方便故得近其子後
復告言咄男子汝常此作勿復餘去當加汝
價諸有所須瓮器米麵鹽酢之屬莫自疑難
亦有老弊使人須者相給好自安意我如汝
父勿復憂慮所以者何我年老大而汝少壯
汝常作時无有欺怠瞋恨怨言都不見汝有
此諸惡如餘作人自今已後如所生子即時
長者更與作字名之為兒尒時窮子雖欣此
遇猶故自謂客作賤人由是之故於二十年
中常令除糞過是已後心相體信入出无難
然其所止猶在本處世尊尒時長者有疾自
知將死不久語窮子言我今多有金銀珎寶
倉庫盈溢其中多少所應取與汝悉知之我

心如是當體此意所以者何今我與汝便為
不異宜加用心无令漏失尒時窮子即受教
勅領知衆物金銀珎寶及諸庫藏而无悕取
一飡之意然其所止故在本處下劣之心亦
未能捨復經少時父知子意漸已通泰成就
大志自鄙先心臨欲終時而命其子并會親
族國王大臣刹利居士皆悉已集即自宣言
諸君當知此是我子我之所生於某城中捨
吾逃走跉跰辛苦五十餘年其本字某我名
某甲昔在本城懷憂推覓忽於此間遇會得
之此實我子我實其父今我所有一切財物
皆是子有先所出内是子所知世尊是時窮
子聞父此言即大歡喜得未曾有而作是念
我本无心有所悕求今此寶藏自然而至世

子聞父此言即大歡喜得未曾有而作是念
我本无心有所悕求今此寶藏自然而至世
尊大富長者則是如來我等皆似佛子如來
常說我等為子世尊我等以三苦故於生死
中受諸熱惱迷惑无知樂着小法今日世尊
令我等思惟蠲除諸法戲論之糞我等於中
勤加精進得至涅槃一日之價既得此已心
大歡喜自以為足便自謂於佛法中勤精進
故所得弘多然世尊先知我等心着弊欲樂
於小法便見縱捨不為分別汝等當有如來
知見寶藏之分世尊以方便力說如來智慧
我等從佛得涅槃一日之價以為大得於此
大乘无有志求我等又因如來智慧為諸菩
薩開示演說而自於此无有志願所以者何

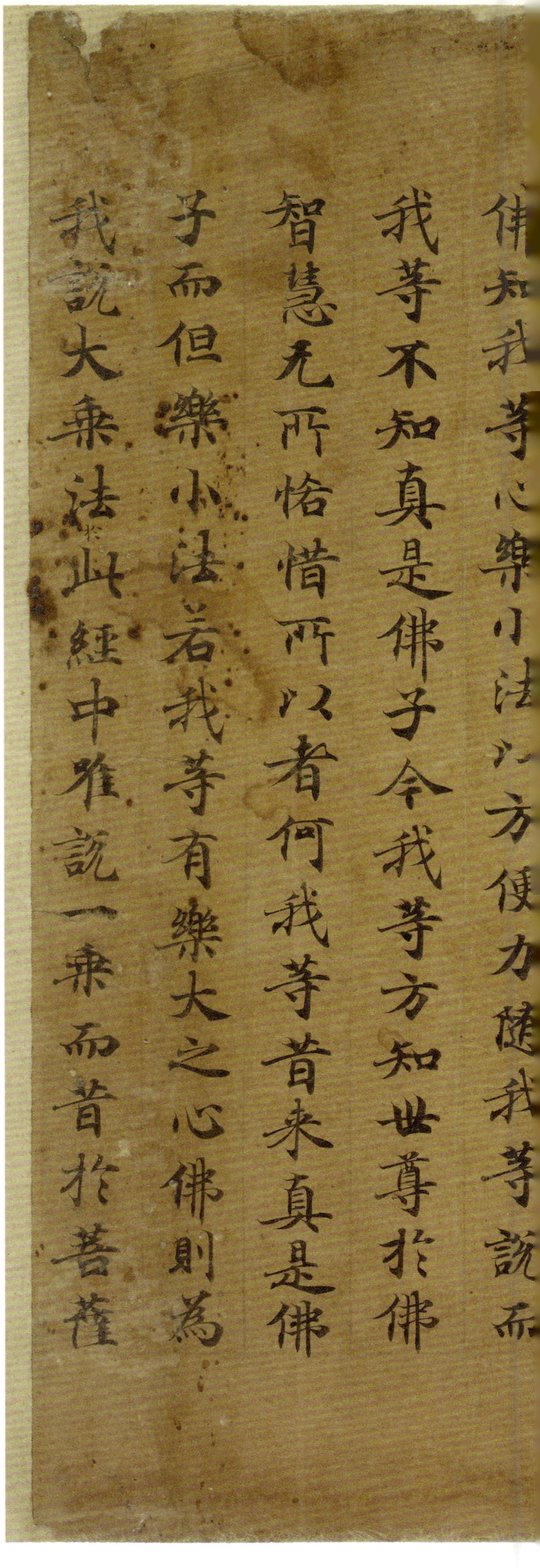

佛知我等心樂小法以方便力隨我等說而
我等不知真是佛子今我等方知世尊於佛
智慧无所悋惜所以者何我等昔來真是佛
子而但樂小法若我等有樂大之心佛則為
我說大乘法於此經中唯說一乘而昔於菩薩

BD00997 大般若波羅蜜多經卷六九

（唐）玄奘 譯

BD00997v 雜寫

132.7cm × 25.2cm

大般若波羅蜜多經卷第六十九
初分無所得品第十八之九　三藏法師玄
舍利子布施波羅蜜多無染亦無
安忍精進靜慮般若波羅蜜多無染亦無散
失舍利子四靜慮無染亦無散失四無量四
無色定無染亦無散失舍利子八解脫無染
亦無散失八勝處九次第定十遍處無染亦
無散失舍利子四念住無染亦無散失四正斷
四神足五根五力七等覺支八聖道支無
染亦無散失舍利子空解脫門無染亦無散
失無相無願解脫門無染亦無散失舍利
子五眼無染亦無散失六神通無染亦無散失
舍利子佛十力無染亦無散失四無所畏四

無礙解大慈大悲大喜大捨十八佛不共法
無染亦無散失舍利子一切智無染亦無散
失道相智一切相智無染亦無散失舍利子
無忘失法無染亦無散失恒住捨性無染亦
無散失舍利子一切陀羅尼門無染亦無散
失一切三摩地門無染亦無散失舍利子極
喜地無染亦無散失離垢地發光地焰慧地
極難勝地現前地遠行地不動地善慧地法
雲地無染亦無散失舍利子異生地無染亦
無散失種姓地第八地具見地薄地離欲地
已辦地獨覺地菩薩地如來地無染亦無散
失舍利子聲聞乘無染亦無散失獨覺乘大
乘無染亦無散失舍利子由此緣故我作是
說諸法亦尒都無自性
復次舍利子諸法清淨亦無散失何以故若

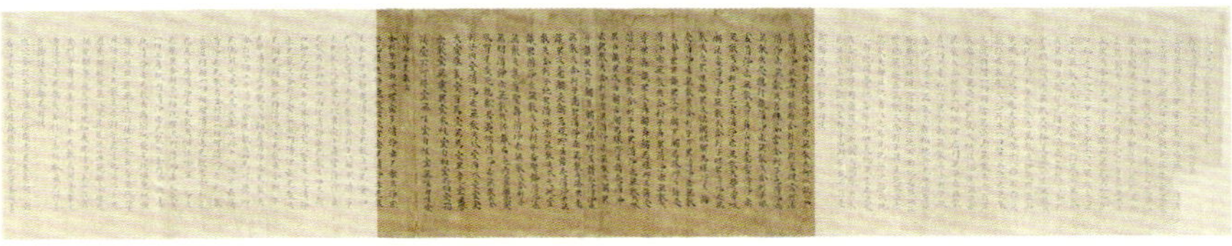

復次舍利子諸法清淨亦無散失何以故若
法清淨無盡性故時舍利子問善現言何法
清淨亦無散失善現答言舍利子色清淨亦
無散失受想行識清淨亦無散失舍利子眼
處清淨亦無散失耳鼻舌身意處清淨亦
無散失舍利子色處清淨亦無散失聲香味
觸法處清淨亦無散失舍利子眼界清淨亦無
散失色界眼識界及眼觸眼觸為緣所生諸
受清淨亦無散失舍利子耳界清淨亦無散
失聲界耳識界及耳觸耳觸為緣所生諸受
清淨亦無散失舍利子鼻界清淨亦無散失
香界鼻識界及鼻觸鼻觸為緣所生諸受
清淨亦無散失舍利子舌界清淨亦無散失味
界舌識界及舌觸舌觸為緣所生諸受清淨
亦無散失舍利子身界清淨亦無散失觸界

身識界及身觸身觸爲緣所生諸受清淨亦
無散失舍利子意界清淨亦無散失法界意
識界及意觸意觸爲緣所生諸受清淨亦無
散失舍利子地界清淨亦無散失水火風空
識界清淨亦無散失舍利子苦聖諦清淨亦
無散失集滅道聖諦清淨亦無散失舍利子
無明清淨亦無散失行識名色六處觸受愛
取有生老死愁歎苦憂惱清淨亦無散失舍
利子內空清淨亦無散失外空內外空空空
大空勝義空有爲空無爲空畢竟空無際
空散空無變異空本性空自相空共相空一切
法空不可得空無性空自性空無性自性空
清淨亦无散失
舍利子布施波羅蜜多清淨亦无散失淨戒
安忍精進靜慮般若波羅蜜多清淨亦无散

舍利子布施波羅蜜多清淨亦无散失淨戒
安忍精進靜慮般若波羅蜜多清淨亦无散
失舍利子四靜慮清淨亦无散失四无量四
无色定清淨亦无散失舍利子八解脫清淨
亦无散失八勝處九次第定十遍處清淨亦
无散失舍利子四念住清淨亦无散失四正斷
四神足五根五力七等覺支八聖道支清淨
亦无散失舍利子空解脫門清淨亦无散失
无相无願解脫門清淨亦无散失舍利子
五眼清淨亦无散失六神通清淨亦无散失
舍利子佛十力清淨亦无散失四无所畏四
无礙解大慈大悲大喜大捨十八佛不共法
清淨亦无散失舍利子一切智清淨亦无散
失道相智一切相智清淨亦无散失舍利子
无忘失法清淨亦无散失恒住捨性清淨亦

无散失舍利子一切陀羅尼門清淨亦无散失
一切三摩地門清淨亦无散失舍利子極喜
地清淨亦无散失離垢地發光地焰慧地極
難勝地現前地遠行地不動地善慧地法雲
地清淨亦无散失舍利子異生地清淨亦无
散失種姓地第八地具見地薄地離欲地已
辦地獨覺地菩薩地如來地清淨亦無散失
舍利子聲聞乘清淨亦无散失獨覺乘无
乘清淨亦无散失舍利子由此緣故我作是
說諸法亦尒都无自性
復次舍利子諸法出世間亦无散失何以故
若法出世間无盡性故時舍利子問善現言

BD00997v　雜寫

BD00998 大般若波羅蜜多經卷七〇

（唐）玄奘 譯

137.3cm × 25.2cm

大般若波羅蜜多經卷第七十

初分無所得品第十八之十　　三藏法師

舍利子五眼本性空故若法本性空則不可

施設若生若滅若住若異由此緣故若畢

不生則不名五眼舍利子六神通本性空

若法本性空則不可施設若生若滅若住

異由此緣故若畢竟不生則不名六神通

利子佛十力本性空故若法本性空則不可

施設若生若滅若住若異由此緣故若畢竟

不生則不名佛十力舍利子四無所畏四無礙

解大慈大悲大喜大捨十八佛不共法本

性空故若法本性空則不可施設若生若

若住若異由此緣故若畢竟不生則

[illegible]舍利子一切智
性空故若法本性空則不可施設若生若
滅若住若異由此緣故若畢竟不生則不名
一切智舍利子道相智一切相智本性空故若
法本性空則不可施設若生若滅若住若
異由此緣故若畢竟不生則不名道相智一切
相智舍利子無忘失法本性空故若法本性
空則不可施設若生若滅若住若異由此
故若畢竟不生則不名無忘失法舍利子恒住
捨性本性空故若法本性空則不可施設若
生若滅若住若異由此緣故若畢竟不生
則不名恒住捨性舍利子一切陀羅尼門本性
空故若法本性空則不可施設若生若滅若
住若異由此緣故若畢竟不生則不名一切陀
羅尼門舍利子一切三摩地門本性空故若法

BD00998　大般若波羅蜜多經卷七〇

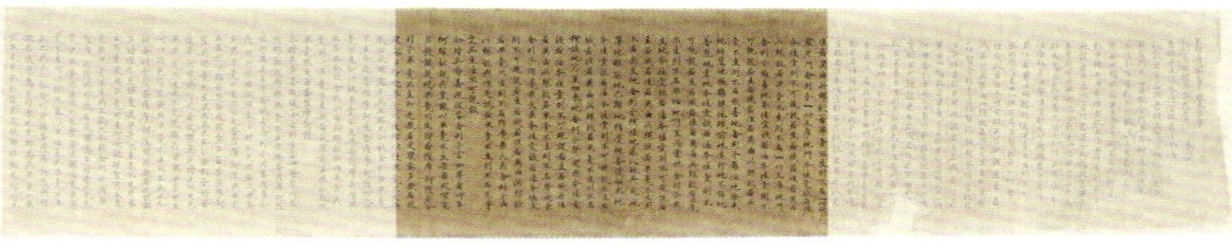

住若異由此緣故若畢竟不生則不名一切陁
羅尼門舍利子一切三摩地門本性空故若法
本性空則不可施設若生若滅若住若異由
此緣故若畢竟不生則不名一切三摩地門
舍利子極喜地本性空故若法本性空則不
可施設若生若滅若住若異由此緣故若畢
竟不生則不名極喜地舍利子離垢地發光
地焰慧地極難勝地現前地遠行地不動地
善慧地雲地本性空故若法本性空則不
可施設若生若滅若住若異由此緣故若畢竟
不生則不名離垢地乃至法雲地舍利子異
生地本性空故若法本性空則不可施設若
生若滅若住若異由此緣故若畢竟不生則
不名異生地舍利子種姓地第八地具見地
尊也垂淡也工薛也蜀覺也菩薩如來也

本性空故若法本性空則不可施設若生若
滅若住若異由此緣故若畢竟不生則不名
種姓地乃至如來地舍利子聲聞乘本性空
故若法本性空則不可施設若生若滅若住
若異由此緣故若畢竟不生則不名聲聞乘
舍利子獨覺乘大乘本性空故若法本性空
則不可施設若生若滅若住若異由此緣故
若畢竟不生則不名獨覺乘大乘舍利子由
此緣故我作是說若畢竟不生則不名色等
空無生法不可說故
尒時具壽善現復答舍利子言如尊者所云
何緣故說我豈能以畢竟不生般若波羅蜜
多教誡教授畢竟不生諸菩薩摩訶薩者舍
利子畢竟不生即是般若波羅蜜多般若波
羅蜜多即是畢竟不生何以故畢竟不生與

BD00998　大般若波羅蜜多經卷七〇

利子畢竟不生即是般若波羅蜜多般若波
羅蜜多即是畢竟不生何以故畢竟不生與
般若波羅蜜多無二無二分故舍利子畢竟
不生即是菩薩摩訶薩菩薩摩訶薩即是畢
竟不生何以故畢竟不生與菩薩摩訶薩無
二無二分故舍利子由此緣故我作是說我
豈能以畢竟不生般若波羅蜜多教誡教授
畢竟不生諸菩薩摩訶薩
尒時具壽善現復答舍利子言如尊者所云
何緣故說離雖畢竟不生亦無菩薩摩訶薩
能行無上正等菩提者舍利子諸菩薩摩訶
薩脩行般若波羅蜜多時不見般若波羅蜜
多異畢竟不生亦不見菩薩摩訶薩異畢竟
不生可以[illegible]般[illegible]波羅蜜多[illegible]菩薩摩訶

意與畢竟不生無二無二分故舍利子諸菩
薩摩訶薩修行般若波羅蜜多時亦不見色
異畢竟不生亦不見受想行識異畢竟不生
何以故色乃至識與畢竟不生無二無二分
故舍利子諸菩薩摩訶薩脩行般若波羅蜜
多時亦不見眼處異畢竟不生亦不見耳鼻
舌身意處異畢竟不生何以故眼處乃至意
處與畢竟不生無二無二分故舍利子諸菩
薩摩訶薩修行般若波羅蜜多時亦不見色
處異畢竟不生亦不見聲香味觸法處異畢
竟不生何以故色處乃至法處與畢竟不生
無二無二分故舍利子諸菩薩摩訶薩脩行
般若波羅蜜多時亦不見眼界異畢竟不生
亦不見色界眼識界及眼觸眼觸爲緣所生

BD00998　大般若波羅蜜多經卷七〇

BD00999 大般若波羅蜜多經卷五三一

（唐）玄奘 譯

BD00999v 勘記

333cm × 26.1cm

慧力是名五力善現云何七等
覺支謂菩薩摩訶薩念等覺支擇法等覺支
精進等覺支喜等覺支輕安等覺支定等覺
支捨等覺支如是名為七等覺支善現云何
八聖道支謂菩薩摩訶薩正見正思惟正語
正業正命正精進正念正定如是名為八聖
道支善現云何三解脫門謂菩薩摩訶薩空
无相无願解脫門如是名為三解脫門善現
云何空解脫門謂菩薩摩訶薩以空非我行
相攝心一趣是名空解脫門善現云何无相
解脫門謂菩薩摩訶薩以寂滅行相攝心一
趣是名无相解脫門善現云何无願解脫門
謂菩薩摩訶薩以苦无常行相攝心一趣是
八解脫謂菩薩

謂菩薩摩訶薩以苦无常行相攝心一趣是
名无願解脫門善現云何名八解脫謂菩薩
摩訶薩有色觀諸色名第一解脫內无色想
觀外諸色名第二解脫淨勝解身作證名第
三解脫空无邊處定具足住名第四解脫識
无邊處定具足住名第五解脫无所有處定
具足住名第六解脫非想非非想處定具足
住名第七解脫滅想受定具足住名第八解
脫是名八解脫善現云何九次第定謂菩薩
摩訶薩離欲惡不善法有尋有伺離生喜
樂入初靜慮具足住名第一次第定廣說乃
至超一切非想非非想處入滅想受定具足
住名第九次第定是名九次第定善現云何
名四聖諦智謂菩薩摩訶薩苦智集智滅智
道智是名四聖諦智善現云何波羅蜜多謂

名四聖諦智謂菩薩摩訶薩苦智集智滅智
道智是名四聖諦智善現云何波羅蜜多謂
菩薩摩訶薩所有布施乃至智波羅蜜多如
是名為波羅蜜多善現云何諸空等智謂菩
薩摩訶薩內空乃至無性自性空智及真如
乃至不思議界智如是名為諸空等智善現
云何菩薩十地謂菩薩摩訶薩極喜地乃至
法雲地如是名為菩薩十地善現云何名為
五眼謂菩薩摩訶薩所求肉眼天眼慧眼法
眼佛眼是名五眼善現云何名六神通謂菩
薩摩訶薩所學神境智證通天耳智證通他
心智證通宿住隨念智證通天眼智證通漏
盡智證通是名六神通善現云何如來十力
謂諸如來應正等覺於是處如實知是處於

謂諸如來應正等覺於是處如實知是處於
非處如實知非處名第一力若諸如來應正
等覺於諸有情過去未來現在諸業及諸
法受處因果異熟皆如實知名第二力若諸如
來應正等覺於諸世間非一種種諸界差別皆
如實知名第三力若諸如來應正等覺於諸
有情非一種種勝解差別皆如實知名第四
力若諸如來應正等覺於諸有情諸根勝劣
皆如實知名第五力若諸如來應正等覺於
遍趣行皆如實知名第六力若諸如來應正
等覺等於一切靜慮解脫等持等至雜染清
淨建立差別皆如實知名第七力若諸如來應
正等覺於諸有情過去无量諸宿住事或一
生或十生或百生或千生或无量生或一劫

生或十生或百生或千生或无量生或一劫
或十劫或百劫或千劫或无量劫所有諸行
諸說諸相皆如實知名第八力若諸如來應
正等覺以淨天眼超過於人見諸有情死時
生時諸善惡事廣說乃至於諸有情隨業勢
力生善惡趣皆如實知名第九力若諸如來
應正等覺於諸漏盡无漏心解脫无漏慧解
脫皆如實知於自漏盡真解脫法自證通慧
具足而住廣說乃至不受後有名第十力如
是名為如來十力善現云何四无所畏謂諸
如來應正等覺自稱我是正等覺者設有沙
門若婆羅門若天魔梵若餘世間依法立難
或令憶念佛於是法非正等覺我於彼難正
由以於彼難正見无由得安隱住无怖

或令憶念佛於是法非正等覺我於彼難正
見无由以於彼難正見无由得安隱住无怖
无畏自稱我處大仙尊位於大衆中正師子
吼轉大梵輪一切沙門若婆羅門若天魔梵
若餘世間畢竟无能如法轉者是名第一若
諸如來應正等覺自稱我已永盡諸漏設有
沙門若婆羅門若天魔梵若餘世間依法立
難或令憶念佛於是漏未得永盡我於彼難
正見无由以於彼難正見无由得安隱住无
怖无畏自稱我處大仙尊位於大衆中正師
子吼轉大梵輪一切沙門若婆羅門若天魔
梵若餘世間畢竟无能如法轉者是名第二
若諸如來應正等覺自稱我為諸弟子衆說
能障法染必為障設有沙門若婆羅門若天
魔梵若餘世間依法立難或令憶念有染是

能障法深必爲障設有沙門若婆羅門若天
魔梵若餘世間依法立難或令憶念有染是
法不能爲障我於彼難正見无由以於彼難
正見无由得安隱住无怖无畏自稱我處大
仙尊位於大衆中正師子吼轉大梵輪一切
沙門若婆羅門若天魔梵若餘世間畢竟无
能如法轉者是名第三若諸如來應正等覺
自稱我爲諸弟子衆說能出道諸聖脩習決
定出離決定通達正盡衆苦作苦邊際設有
沙門若婆羅門若天魔梵若餘世間依法立
難或令憶念有脩此道非正出離非正通達
非盡衆苦非作苦邊我於彼難正見无由以
於彼難正見无由得安隱住无怖无畏自稱
我處大仙尊位於大衆中正師子吼轉大梵

我處大仙尊位於大衆中正師子吼轉大梵
輪一切沙門若婆羅門若天魔梵若餘世間
畢竟无能如法轉者是名第四如是名為四
无所畏善現云何四无礙解謂義无礙解法
无礙解詞无礙解辯无礙解如是名為四无
礙解云何名為義无礙解謂緣義无礙智云
何名為法无礙解謂緣法无礙智云何名為
詞无礙解謂緣詞无礙智云何名為辯无礙
解謂緣辯无礙智善現云何名為十八佛不
共法謂諸如來應正等覺常无誤失无卒暴
音无忘失念无不定心无種種想无不擇捨
志欲无退精進无退憶念无退般若无退解
脫无退解脫智見无退一切身業智為前導
隨智而轉一切語業智為前導隨智而轉一

隨智而轉一切語業智為前導隨智而轉一
切意業智為前導隨智而轉若智若見於過
去世無著无礙若智若見於未來世无著无
礙若智若見於現在世无著无礙是名十八
佛不共法
善現云何三十二相謂諸佛足下有平滿相
妙善安住猶如奩底地雖高下隨足所蹈皆
悉坦然无不等觸是為第一諸佛足下千輻
輪文輞轂衆相无不圓滿是為第二諸佛手
足悉皆柔軟如覩羅綿勝過一切是為第三
諸佛手足指皆纖長圓妙過人以表長壽是
為第四諸佛手足一一指間猶如鴈王咸有
鞔網金色交絡文同綺畫是為第五諸佛足
…相稱勝餘有情是為第六

執紭金色文路文同綺畫是為第五諸佛足
跟廣長圓滿與趺相稱勝餘有情是為第六
諸佛足趺脩高充滿柔軟妙好與跟相稱是
為第七諸佛雙腨漸次纖圓如瑿泥耶仙鹿
王腨是為第八諸佛雙臂脩直傭圓如象王
鼻平立摩膝是為第九諸佛陰相勢峯藏密
其猶龍馬亦如象王是為第十諸佛毛孔各
一毛生柔潤紺青右旋宛轉是第十一諸佛
髮毛端皆上靡右旋宛轉柔潤紺青嚴金色
身甚可愛樂是第十二諸佛身皮細薄潤滑
塵垢水等皆所不住是第十三諸佛身皮皆
真金色光潔晃耀如妙金臺衆寶莊嚴衆所
樂見是第十四諸佛兩足二手掌中頸及雙
肩七處充滿光淨柔耎甚可愛樂是第十五

肩七處充滿光淨柔耎甚可愛樂是第十五
諸佛肩項圓滿殊妙是第十六諸佛髆腋悉
皆充實是第十七諸佛容儀洪滿端直是第
十八諸佛身相脩廣端嚴是第十九諸佛體
相縱廣量等周帀圓滿如諾瞿陁是第二十
諸佛頷臆并身上半威容廣大如師子王是
二十一諸佛常光面各一尋是二十二諸佛
齒相四十齊平淨密根深白逾珂雪是二十三
諸佛四牙鮮白鋒利是二十四諸佛常得味
中上味喉脉直故能引身中千支節脉所有
上味是二十五諸佛舌相薄淨廣長能覆面
輪至耳髮際是二十六諸佛梵音詞韻和雅
隨衆多少无不等聞其聲洪震猶如天鼓發
言婉約如頻迦音是二十七諸佛眼睫猶若

言婉約如頻迦音是二十七諸佛眼睫猶若
牛王紺青齊整不相雜亂是二十八諸佛眼
睛紺青鮮白紅環間飾皎潔分明是二十九
諸佛面輪其猶滿月眉相皎淨如天帝弓是
第三十諸佛眉間有白毫相右旋柔軟如覩
羅綿鮮白光淨逾珂雪等是三十一諸佛頂
上烏瑟膩沙高顯周圓猶如天蓋是三十二
是名諸佛三十二相善現云何八十隨好謂
諸佛指爪狹長薄潤光潔鮮淨如花赤銅是
為第一諸佛手足指圓纖長傭直柔軟節骨
不現是為第二諸佛手足各等无差於諸指
間悉皆充密是為第三諸佛手足圓滿如意
軟淨光澤色如蓮花是為第四諸佛筋脈盤
結堅固深隱不現是為第五諸佛兩踝俱隱

結堅固深隱不現是為第五諸佛兩踝俱隱
不現是為第六諸佛行步直進庠審如龍象
王是為第七諸佛行步威容齊肅如師子王
是為第八諸佛行步安平庠序不過不減猶
若牛王是為第九諸佛行步進止儀雅譬如
鵝王是為第十諸佛迴顧必皆右旋如龍象
王舉身隨轉是為第十一諸佛支節漸次傭圓
妙善安布是第十二諸佛骨節交結无隙猶
若龍盤是第十三諸佛膝輪妙善安布堅固
圓滿是第十四諸佛隱處其文妙好威勢具
足圓滿清淨是第十五諸佛身支潤滑柔軟
光悅鮮淨塵垢不著是第十六諸佛身容敦
肅无畏常不怯弱是第十七諸佛身支堅固
稠密善相屬著是第十八諸佛身支安定敦

稠密善相屬著是第十八諸佛身支安定敦
重常不掉動圓滿无壞是第十九諸佛身相
猶若仙王周帀端嚴光淨離翳是第二十諸
佛身有周帀圓光於行等時恒自照曜是二
十一諸佛腹形方正无欠柔軟不現衆相莊
嚴是二十二諸佛臍深右旋圓妙清淨光澤
是二十三諸佛臍厚不窊不凸周匝妙好是
二十四諸佛皮膚遠離疥癬亦无黶點疣贅
等過是二十五諸佛手掌充滿柔軟足下安
平是二十六諸佛手文深長明直潤澤无斷
是二十七諸佛脣色光潤丹暉如頻婆菓上
下相稱是二十八諸佛面門不長不短不大
不小如量端嚴是二十九諸佛舌相軟薄廣
長如赤銅色是第三十諸佛發聲威震深遠

長如赤銅色是第三十諸佛發聲威震深遠
如象王吼明朗清徹是三十一諸佛音韻美
妙具足如深谷響是三十二諸佛鼻高脩而
且直其孔不現是三十三諸佛諸齒方整鮮
白是三十四諸佛諸牙圓白光潔漸次鋒利
是三十五諸佛目淨青白分明是三十六諸
佛眼相脩廣譬如青蓮華葉甚可愛樂是三
十七諸佛眼睫上下齊整稠密不白是三十
八諸佛雙眉長而不白緻而細軟是三十九
諸佛雙眉綺靡順次紺瑠璃色是第四十諸
佛雙眉高顯光潤形如初月是四十一諸佛
耳厚廣大脩長輪埵成就是四十二諸佛兩
耳綺麗齊平離諸過失是四十三諸佛容儀
能令見者无損无染皆生愛敬是四十四諸

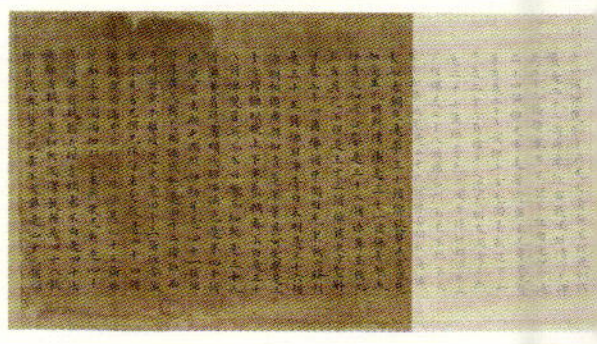

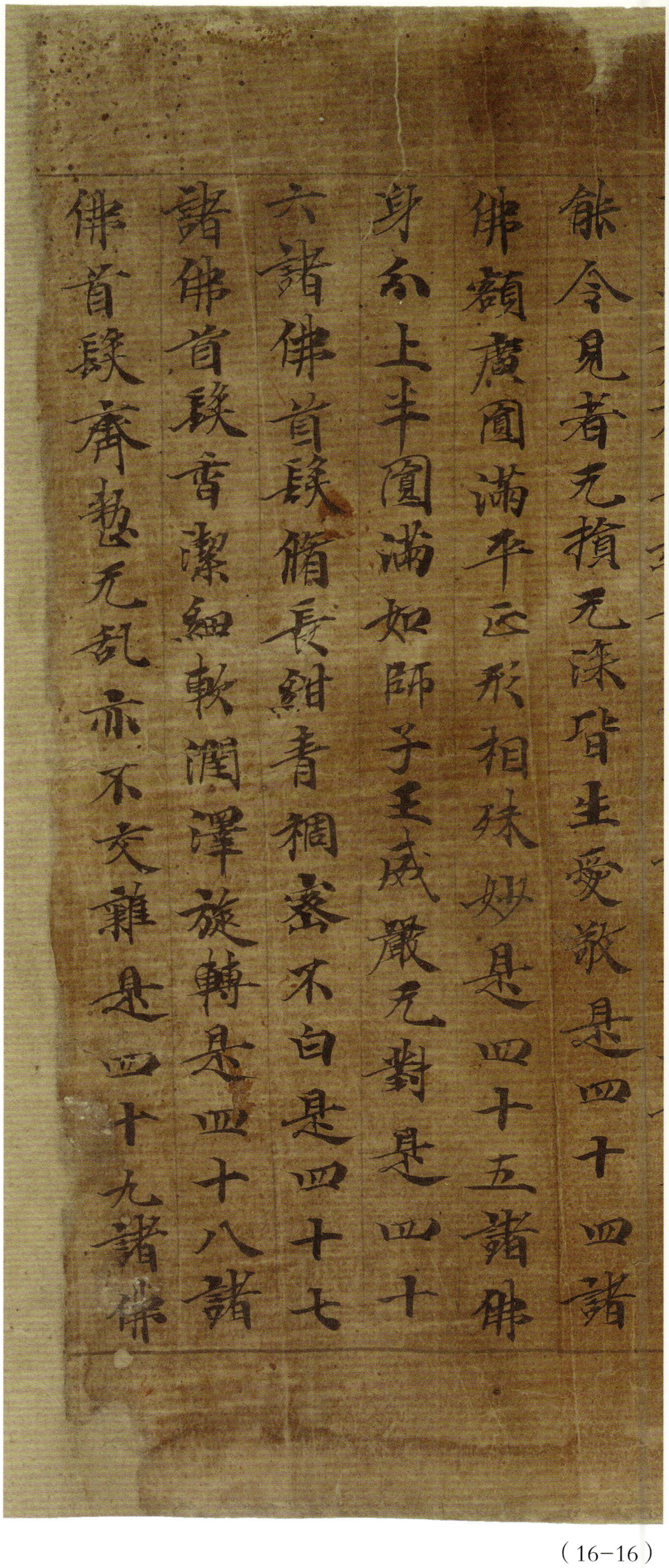

能令見者无損无染皆生愛敬是四十四諸
佛額廣圓滿平正形相殊妙是四十五諸佛
身分上半圓滿如師子王威嚴无對是四十
六諸佛首髮脩長紺青稠密不白是四十七
諸佛首髮香潔細軟潤澤旋轉是四十八諸
佛首髮齊整无亂亦不交雜是四十九諸佛

BD00999v　勘記

BD01000　大般涅槃經卷三一

（北涼）曇無讖 譯

168.5cm × 27cm

多
[illegible]服飲食[illegible]病瘦醫藥
而作[illegible]之大逆內外諸惡因緣即時滅壞都
不憶念往日供給衣食之恩善男子譬如有
王畜四毒虵置之一篋以付一人仰令瞻養
是四虵中設一生瞋則能害人是人恐怖常
求飲食隨時守護一切衆生四大毒虵亦復
如是若一大瞋則能壞身善男子如人久病
應當至心求醫療治若不勤救必死不疑一
切衆生身亦如是常應攝心不令放逸若放
逸者則便滅壞善男子譬如坏瓶不耐風雨
打擲坧押一切衆生身亦如是不耐飢渴寒
熱風雨打繫惡罵善男子如癰未熟常當善
護不令人觸設有觸者則大苦痛一切衆生

（4-1）

身亦如是善男子如騾懷任自害其驅一切
衆生身亦如是內有風冷身則受害善男子
譬如芭蕉生實則枯一切衆生身亦如是善
男子亦如芭蕉內无堅實一切衆生身亦如
是善男子如蛇鼠狼各各相於常生惡心衆
生四大亦復如是善男子譬如鵝王不樂塚
墓菩薩亦尒於身冢墓亦不貪樂善男子如
旃陁羅七世相継不捨其業是故為人之所
輕賤是身種子亦復如是種子精血究竟不
淨以不淨故諸佛菩薩之所輕呵善男子是
身不如摩羅耶山生於旃檀亦不能生優鉢
羅華分陁利華瞻婆華摩利迦華婆師迦華
九孔常流膿血不淨生處臭穢醜陋可惡常
與諸虫共在一處善男子譬如世間雖有上

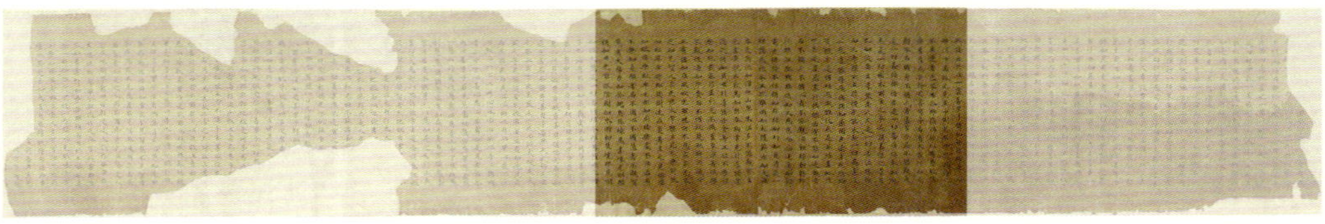

與諸虫共在一處善男子譬如世間雖有上
妙清淨薗林死屍至中則爲不淨衆共捨之
不生愛着色界亦尒雖復淨妙以有身故諸
佛菩薩悉共捨之善男子若有不能作如是
觀不名脩身不脩戒者善男子若不能觀戒
是一切善法梯橙亦是一切善法根本如地
悉是一切樹木所生之本是諸善根之導首
也如彼商主導衆商人戒是一切善法勝幢
如天帝釋所立勝幢戒能永斷一切惡業及
三惡道能療惡病猶如藥樹戒是生死嶮路
資粮戒是摧結惡賊鎧杖戒是滅結毒虵良
呪戒是度惡業行橋梁若有不能如是觀者
名不脩戒不脩心者不能觀心輕躁動轉難
捉難調馳騁奔逸如大惡象念念迭速如彼

電光躁擾不住猶如獼猴如幻如炎是一
切諸惡根本五欲難滿如火獲薪亦如大海
呑受諸流如湯肥山草木滋多不能觀察生
死虛妄馳或致患如魚呑鉤常先引導諸業
隨從猶如貝母引導諸子貪著五欲不樂涅
槃如馳食蜜乃至於死不顧苦草深著現樂
不觀後過如牛貪苗不懼杖楚馳騁周遍廿
五有猶如疾風吹兜羅毦所不應求求无猒
足如无智人求无熱火常樂生死不樂解脫
如紙婆蟲樂紙婆樹迷惑愛著生死臭穢猶
如獄囚樂獄卒女亦如廁豬樂處不淨若有
不樂如是觀者名不脩心不脩慧者不觀智
慧有大勢力如金翅鳥能壞惡業壞无明闇
猶如日光能拔陰樹如水潤物焚燒耶見猶
如是[illegible]一切[illegible]法[illegible]佛菩薩[illegible]之重

慧有大勢力如金[illegible]
猶如日光能拔陰樹如水潤物焚燒耶見猶
如猛火慧是一切善法根本佛菩薩母之種
子也若有不能如是觀者不名脩慧善男子
第一義中若見身身相身因身果身聚身一
身二此身彼身身滅身等身脩脩者若有如
是見者名不脩身善男子若見戒戒相戒因
戒果上戒下戒戒聚戒一戒二此戒彼戒戒
滅戒等戒脩脩者戒波羅蜜若有如是見者
名不脩戒若見心心相心因心果心聚心及
心數心一心二此心彼心心滅心等心脩脩
者上中下心善心惡心若有如是見者名不
脩心善男子若見慧慧相慧因慧果慧聚慧
一慧二此慧彼慧慧滅慧等上中下慧純慧
[illegible]慧慧脩脩者若有如是見者名不脩慧善

男子若有不脩身戒心慧如是之人於小惡
業得大惡報以恐怖故常生是念我屬地獄
作地獄行雖聞智者說地獄苦常
還打石木自打木火
似地獄若似地獄有
所粘不能得出是人亦
自出心初无悔不能脩善
過去一切善業悉為是罪之
有現受輕報轉為地獄極重惡
如小器水置鹽一升其味醎苦難
人罪業亦復如是善男子譬如
錢不能償故身被繫縛多受衆苦
亦復如是師子吼菩薩言世尊是人
現輕報轉地獄受佛言善男子一切衆

亦復如是師子吼菩薩言世尊是人
現輕報轉地獄受佛言善男子一切衆
具五事令現輕報轉地獄受何等爲五
二者善根微少故三者惡業深
懺悔故五者不脩本善業故復有
者脩集惡業故二者无戒財故三者
鄙善根故四者不脩身戒心慧故五者親
惡知識故善男子是故能令現世輕報地獄
重受師子吼言世尊何等人能轉地獄報現
世輕受善男子若有脩集身戒心慧如先所
說能觀諸法同如虛空不見智慧不見智者
不見愚癡不見愚者不見脩集及脩集者是
名智者如是之人則能脩集身戒心慧是人
能令地獄果報現世輕受是人設作極重惡
業思惟觀察能令輕微作是念言我業雖重

不如善業譬如疊華雖復百斤終不能敵真
金一兩如恒河中投一升鹽水无鹹味飲者
不覺如巨富者雖多負人千万寶物无能繫
縛令其受苦如大香象能壞鐵鏁自在而去
言我善力多惡
脩智慧智慧

BD01001 金剛般若波羅蜜經

（後秦）鳩摩羅什 譯

439.5cm × 26cm

來滅後
能生信
三四五佛而種
諸善根聞是章句
須菩提如來悉知悉見是諸衆生
无量福德何以故是諸衆生无復我相人相
衆生相壽者相无法相亦无非法相何以故
是諸衆生若心取相則爲著我人衆生壽者
若取法相即著我人衆生壽者何以故若取
非法相即著我人衆生壽者是故不應取法
不應取非法以是義故如來常說汝等比丘
知我說法如筏喻者法尚應捨何況非法
須菩提於意云何如來得阿耨多羅三藐三
菩提耶如來有所說法耶須菩提言如我解
佛所說義无有定法名阿耨多羅三藐三菩

提亦无有定法如來可説何以故如來所説
法皆不可取不可説非法非非法所以者何一
切賢聖皆以无爲法而有差别須菩提於
意云何若人滿三千大千世界七寶以用布
施是人所得福德寧爲多不須菩提言甚多
世尊何以故是福德即非福德性是故如來
説福德多若復有人於此經中受持乃至四
句偈等爲他人説其福勝彼何以故須菩提
一切諸佛及諸佛阿耨多羅三藐三菩提法
皆從此經出須菩提所謂佛法者即非佛法
須菩提於意云何須陁洹能作是念我得須
陁洹果不須菩提言不也世尊何以故須陁
洹名爲入流而无所入不入色聲香味觸法
是名須陁洹須菩提於意云何斯陁含能作
是念我得斯陁含果不須菩提言不也世尊

是念我得斯陁含果不須菩提言不也世尊
何以故斯陁含名一往來而實无往來是名
斯陁含須菩提於意云何阿那含能作是念
我得阿那含果不須菩提言不也世尊何以
故阿那含名為不來而實无來是故名阿那
含須菩提於意云何阿羅漢能作是念我得
阿羅漢道不須菩提言不也世尊何以故實
无有法名阿羅漢世尊若阿羅漢作是念我
得阿羅漢道即為著我人衆生壽者世尊佛
說我得无諍三昧人中最為第一是第一離
欲阿羅漢我不作是念我是離欲阿羅漢世
尊我若作是念我得阿羅漢道世尊則不說
須菩提是樂阿蘭那行者以須菩提實无所
行而名須菩提是樂阿蘭那行
佛告須菩提於意云何如來昔在然燈佛所

於法有所得不世尊如來在然燈佛所於法
實无所得須菩提於意云何菩薩莊嚴佛土
不不也世尊何以故莊嚴佛土者則非莊嚴
是名莊嚴是故須菩提諸菩薩摩訶薩應如
是生清淨心不應住色生心不應住聲香味
觸法生心應无所住而生其心須菩提譬如
有人身如須弥山王於意云何是身為大不
言甚大世尊何以故佛說非身是名
大
須菩提如恒河中所有沙數如是沙等恒河
於意云何是諸恒河沙寧為多不須菩提言
甚多世尊但諸恒河尚多无數何况其沙須
菩提我今實言告汝若有善男子善女人以
七寶滿尒所恒河沙數三千大千世界以用
不須菩提言甚多世尊佛告須

BD01001　金剛般若波羅蜜經

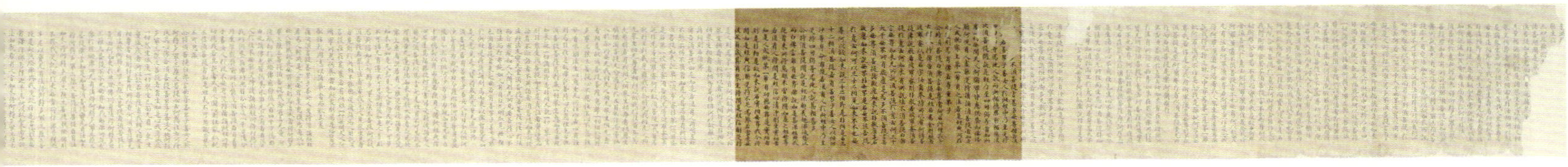

一寶[illegible]
[illegible]不須菩提言甚多世尊佛告須
[illegible]若善男子善女人於此經中乃至受持
四句[illegible]等為他人說而此福德勝前福德復
次須菩提隨說是經乃至四句偈等當知此
處一切世間天人阿脩羅皆應供養如佛塔
廟何況有人盡能受持讀誦須菩提當知是
人成就最上第一希有之法若是經典所在
之處則為有佛若尊重弟子
尒時須菩提白佛言世尊當何名此經我等
云何奉持佛告須菩提是經名為金剛般若
波羅蜜以是名字汝當奉持所以者何須菩
提佛說般若波羅蜜則非般若波羅蜜須菩
提於意云何如來有所說法不須菩提白佛
言世尊如來无所說須菩提於意云何三千
大千世界所有微塵是為多不須菩提言甚

多世尊須菩提諸微塵如來說非微塵是名
微塵如來說世界非世界是名世界須菩提
於意云何可以三十二相見如來不不也世
尊何以故如來說三十二相即是非相是名三
十二相須菩提若有善男子善女人以恒河
沙等身命布施若復有人於此經中乃至
受持四句偈等為他人說其福甚多
尒時須菩提聞說是經深解義趣涕淚悲泣
而白佛言希有世尊佛說如是甚深經典我
從昔來所得慧眼未曾得聞如是之經世尊
若復有人得聞是經信心清淨則生實相當
知是人成就第一希有功德世尊是實相者
則是非相是故如來說名實相世尊我今得
聞如是經典信解受持不足為難若當來世
後五百歲其有衆生得聞是經信解受持

後五百歲其有衆生得聞是經信解受持
是人則爲第一希有何以故此人无我相人相
衆生相壽者相所以者何我相即是非相人
相衆生相壽者相即是非相何以故離一切
諸相則名諸佛
佛告須菩提如是如是若復有人得聞是經
不驚不怖不畏當知是人甚爲希有何以故
須菩提如來說第一波羅蜜非第一波羅蜜
是名第一波羅蜜須菩提忍辱波羅蜜如來
說非忍辱波羅蜜何以故須菩提如我昔爲
歌利王割截身體我於尒時无我相无人相
无衆生相无壽者相何以故我於往昔節節
支解時若有我相人相衆生相壽者相應生
瞋恨須菩提又念過去於五百世作忍辱仙
人於尒所世无我相无人相无衆生相无壽

者相是故須菩提菩薩應離一切相發阿耨
多羅三藐三菩提心不應住生心不應住
聲香味觸法生心應生无所住心若心有住
則爲非住是故佛說菩薩心不應住色布施
須菩提菩薩爲利益一切衆生應如是布施
如來說一切諸相即是非相又說一切衆生
則非衆生須菩提如來是真語者實語者如
語者不誑語者不異語者須菩提如來所得
法此法无實无虛須菩提若菩薩心住於法
而行布施如人入闇則无所見若菩薩心不
住法而行布施如人有目日光明照見種種
色須菩提當來之世若有善男子善女人能
於此經受持讀誦則爲如來以佛智慧悉知
是人悉見是人皆得成就无量无邊功德
須菩提若有善男子善女人初日分以恒河

BD01001　金剛般若波羅蜜經

須菩提若有善男子善女人初日分以恒河
沙等身布施中日分復以恒河沙等身布施
後日分亦以恒河沙等身布施如是无量百
千万億劫以身布施若復有人聞此經典信
心不逆其福勝彼何況書寫受持讀誦為人
解說須菩提以要言之是經有不可思議不
可稱量无邊功德如來為發大乘者說為發
冣上乘者說若有人能受持讀誦廣為人說
如來悉知悉見是人皆得成就不可量
不可稱无有邊不可思議功德如是人等則
為荷擔如來阿耨多羅三藐三菩提何以故
須菩提若樂小法者著我見人見眾生見壽
者見則於此經不能聽受讀誦為人解說須
菩提在在處處若有此經一切世間天人阿
脩羅所應供養當知此處則為是塔皆應恭

敬作禮圍遶以諸華香而散其處
復次須菩提善男子善女人受持讀誦此經
若為人輕賤是人先世罪業應墮惡道以今
世人輕賤故先世罪業則為消滅當得阿耨多
羅三藐三菩提須菩提我念過去无量阿
僧祇劫於然燈佛前得值八百四千万億那
由他諸佛悉皆供養承事无空過者若復有
人於後末世能受持讀誦此經所得功德於
我所供養諸佛功德百分不及一千万億分
乃至筭數譬喻所不能及須菩提若有善男
子善女人於後末世有受持讀誦此經所得
功德我若具說者或有人聞心則狂亂狐疑
不信須菩提當知是經義不可思議果報亦
不可思議
尒時須菩提白佛言世尊善男子善女人發

BD01001　金剛般若波羅蜜經

不可思議
尒時須菩提白佛言世尊善男子善女人發
阿耨多羅三藐三菩提心云何應住云何降
伏其心佛告須菩提善男子善女人發阿耨
多羅三藐三菩提者當生如是心我應滅度
一切衆生滅度一切衆生已而无有一衆生
實滅度者何以故若菩薩有我相人相衆生
相壽者相則非菩薩所以者何須菩提實无
有法發阿耨多羅三藐三菩提者須菩提於
意云何如來於然燈佛所有法得阿耨多羅
三藐三菩提不不也世尊如我解佛所說義
佛於然燈佛所无有法得阿耨多羅三藐三
菩提佛言如是如是須菩提實无有法如來
得阿耨多羅三藐三菩提須菩提若有法
如來得阿耨多羅三藐三菩提然燈佛則

不與我受記汝於来世當得作佛号釋迦
牟尼以實无有法得阿耨多羅三藐三菩
提是故然燈佛與我受記作是言汝於来世
當得作佛号釋迦牟尼何以故如来者即諸
法如義若有人言如来得阿耨多羅三藐三
菩提須菩提實无有法佛得阿耨多羅三藐
三菩提須菩提如来所得阿耨多羅三藐三
菩提於是中无實无虚是故如来說一切法
皆是佛法須菩提所言一切法者即非一切
法是故名一切法須菩提譬如人身長大須
菩提言世尊如来說人身長大則為非大身
是名大身須菩提菩薩亦如是若作是言我
當滅度无量衆生則不名菩薩何以故須菩
提无有法名為菩薩是故佛說一切法无我
无人无衆生无壽者須菩提若菩薩作是言

无人无衆生无壽者須菩提若菩薩作是言
我當莊嚴佛土是不名菩薩何以故如来説
莊嚴佛土者即非莊嚴是名莊嚴須菩提若
菩薩通達无我法者如来説名真是菩薩
須菩提於意云何如来有肉眼不如是世尊如
来有肉眼須菩提於意云何如来有天眼不
如是世尊如来有天眼須菩提於意云何如
来有慧眼不如是世尊如来有慧眼須菩提
於意云何如来有法眼不如是世尊如来有
法眼須菩提於意云何如来有佛眼不如是
世尊如来有佛眼須菩提於意云何恒河中
所有沙佛説是沙不如是世尊如来説是沙
須菩提於意云何如一恒河中所有沙有如
是等恒河是諸恒河所有沙數佛世界如是
寧爲多不甚多世尊佛告須菩提尒所國土

中所有衆生若干種心如來悉知何以故如
來說諸心皆爲非心是名爲心所以者何須
菩提過去心不可得現在心不可得未來心
不可得須菩提於意云何若有人滿三千大
千世界七寶以用布施是人以是因緣得福
多不如是世尊此人以是因緣得福甚多須
菩提若福德有實如來不說得福德多以福
德无故如來說得福德多
須菩提於意云何佛可以具足色身見不不
也世尊如來不應以具足色身見何以故如來
說具足色身即非具足色身是名具足色身須
菩提於意云何如來可以具足諸相見不不
也世尊如來不應以具足諸相見何以故如
來說諸相具足即非具足是名諸相具足須
菩提汝勿謂如來作是念我當有所說法莫

菩提汝勿謂如来作是念我當有所說法莫
作是念何以故若人言如来有所說法即爲
謗佛不能解我所說故須菩提說法者无法
可說是名說法須菩提白佛言世尊佛得阿
耨多羅三藐三菩提爲无所得耶如是如是
須菩提我於阿耨多羅三藐三菩提乃至无
有少法可得是名阿耨多羅三藐三菩提復
次須菩提是法平等无有高下是名阿耨多
羅三藐三菩提以无我无人无衆生无壽者
脩一切善法則得阿耨多羅三藐三菩提須
菩提所言善法者如来說非善法是名善
法
須菩提若三千大千世界中所有諸須弥山
王如是等七寶聚有人持用布施若人以此
般若波羅蜜經乃至四句偈等受持爲他人

說於前福德百分不及一百千萬億分乃至
筭數譬喻所不能及
須菩提於意云何汝等勿謂如來作是念我
當度衆生須菩提莫作是念何以故實无有
衆生如來度者若有衆生如來度者如來則
有我人衆生壽者須菩提如來說有我者則
非有我而凡夫之人以爲有我須菩提凡夫
者如來說則非凡夫須菩提於意云何可以
十二相觀如來不須菩提言如是如是以
三十二相觀如來佛言須菩提若以三十二
相觀如來者轉輪聖王則是如來須菩提白
佛言世尊如我解佛所說義不應以三十
二相觀如來尒時世尊而說偈言
若以色見我　以音聲求我　是人行耶道　不能見如來
須菩提汝若作是念如來不以具足相故得

須菩提汝若作是念如来不以具足相故得
阿耨多羅三藐三菩提須菩提莫作是念如
来不以具足相故得阿耨多羅三藐三菩提
須菩提汝若作是念發阿耨多羅三藐三菩
提者說諸法断滅莫作是念何以故發阿耨多
羅三藐三菩提者於法不說断滅相須菩
提若菩薩以滿恒河沙等世界七寶布施若
復有人知一切法无我得成於忍此菩薩勝
前菩薩所得功德須菩提以諸菩薩不受福
德須菩提菩薩所作福德不應貪著是故說
不受福德須菩提若有人言如来若来若去
若坐若卧是人不解我所說義何以故如来
者无所從来亦无所去故名如来
須菩提若善男子善女人以三千大千世界
碎為微塵於意云何是微塵衆寧為多不

甚多世尊何以故若是微塵衆實有者佛則
不説是微塵衆所以者何佛説微塵衆則非微
塵衆是名微塵衆世尊如來所説三千大千
世界則非世界是名世界何以故若世界實
有者則是一合相如來説一合相則非一合
相是名一合相須菩提一合相者則是不可説
但凡夫之人貪著其事須菩提若人言佛説
我見人見衆生見壽者見須菩提於意云何
是人解我所説義不世尊是人不解如來所
説義何以故世尊説我見人見衆生見壽
者見即非我見人見衆生見壽者見是名我
見人見衆生見壽者見須菩提發阿耨多羅
三藐三菩提心者於一切法應如是知如是
見如是信解不生法相須菩提所言法相者
如來説即非法相是名法相須菩提若有人

BD01001　金剛般若波羅蜜經

如來說即非法相是名法相須菩提若有人
以滿无量阿僧祇世界七寶持用布施若有
善男子善女人發菩薩心者持於此經乃至
四句偈等受持讀誦為人演說其福勝彼云
何為人演說不取相如如不動何以故
一切有為法 如夢幻泡影 如露亦如電 應作如是觀
佛說是經已長老須菩提及諸比丘比丘尼
優婆塞優婆夷一切世間天人阿脩羅聞佛
所說皆大歡喜信受奉行

金剛般若波羅蜜經

BD01002 維摩詰所說經卷上

（後秦）鳩摩羅什 譯

350cm × 25.5cm

維摩詰所說經一名不可思議解脫佛國品第一　卷上

如是我聞一時佛在毗耶離菴羅樹園與大

比丘衆八千人俱菩薩三萬二千衆所知識

大智本行皆悉成就諸佛威神之所建立為
護法城受持正法能師子吼名聞十方衆人
不請友而安之紹隆三寶能使不絶降伏魔
怨制諸外道悉已清淨永離蓋纏心常安住
无㝵解脫念定揔持辯才不斷布施持戒忍
辱精進禪定智慧及方便力无不具足逮无
所得不起法忍已能隨順轉不退輪善解法
相知衆生根蓋諸大衆得无所畏功德智慧
以脩其心相好嚴身色像第一捨諸世間所
有飾好名稱高遠踰於須弥深信堅固猶若
金剛法寶普照而雨甘露於衆言音微妙第一
深入緣起斷諸邪見有无二邊无復餘習
演法无畏猶師子吼其所講說乃如雷震无
有量已過量集衆法寶如海導師了達諸法

BD01002　維摩詰所說經卷上

有量已過量集衆法寶如海導師了達諸法
妙之義善知衆生往来所趣及心所行近
无等等佛自在慧十力无畏十八不共開閉
一切諸惡趣門而生五道以現其身爲大毉
王善療衆病應病與藥令得服行无量功德
皆成就无量佛土皆嚴淨其見聞者无不蒙
益諸有所作亦不唐捐如是一切功德皆悉
具足其名曰等觀菩薩不等觀菩薩等不等
觀菩薩定自在王菩薩法自在王菩薩法相
菩薩光相菩薩光嚴菩薩大嚴菩薩寶積
菩薩辯積菩薩寶手菩薩寶印手菩薩常舉
手菩薩常下手菩薩常慘菩薩喜根菩薩喜王
菩薩辯音菩薩虛空藏菩薩執寶炬菩薩寶
菩薩寶見菩薩帝網菩薩明網菩薩无緣

觀菩薩慧積菩薩寶勝菩薩天王菩薩壞魔
菩薩電得菩薩自在王菩薩功德相嚴菩薩
師子吼菩薩雷音菩薩山相擊音菩薩香象
菩薩白香象菩薩常精進菩薩不休息菩薩
妙生菩薩華嚴菩薩觀世音菩薩得大勢菩
薩梵網菩薩寶杖菩薩无勝菩薩嚴土菩薩
金髻菩薩珠髻菩薩弥勒菩薩文殊師利法
王子菩薩如是等三萬二千人俱
復有萬梵天王尸棄等從餘四天下来詣佛
所而聽法復有萬二千天帝亦從餘四天下
来在會坐并餘大威力諸天龍神夜叉乾闥
婆阿脩羅迦樓羅緊那羅摩睺羅伽等悉来
會坐諸比丘比丘尼優婆塞優婆夷俱来會
坐彼時佛與无量百千之衆共敘圍繞而為

BD01002 維摩詰所説經卷上

坐彼時佛與无量百千之衆共敬圍繞而爲
説法辟如須弥山王顯于大海安處衆寶師
子之座蔽於一切諸來大衆
尒時毗耶離城有長者子名曰寶積與五百
長者子俱持七寶蓋來詣佛所頭面礼足各
以其蓋共供養佛佛之威神令諸寶蓋合成
一蓋遍覆三千大千世界而此世界廣長之相
悉於中現又此三千大千世界諸須弥山雪
山目真隣陁山摩訶目真隣陁山香山寶山
金山黑山鐵圍山大鐵圍山大海江……流
泉源及日月星辰天宮龍宮諸尊神……
現於寶蓋中又十方諸佛諸佛説法亦……
寶蓋中尒時一切大衆覩佛神力嘆未曽有
合掌礼佛瞻仰尊顔目不暫捨長者子寶積

即於佛前以偈頌曰

目淨脩廣如青蓮　心淨已度諸禪定
久積淨業稱无量　導衆以寂故稽首
既見大聖以神變　普現十方无量土
其中諸佛演說法　於是一切悉見聞
法王法力超群生　常以法財施一切
能善分別諸法相　於第一義而不動
已於諸法得自在　是故稽首此法王
說法不有亦不无　以因緣故諸法生
无我无造无受者　善惡之業亦不亡
始在佛樹力降魔　得甘露滅覺道成
已无心意无受行　而悉摧伏諸外道
三轉法輪於大千　其輪本來常清淨
天人得道此為證　三寶於是現世間

BD01002　維摩詰所説經卷上

天人得道此為證　三寶於是現世間
以斯妙法濟群生　一受不退常寂然
度老病死大醫王　當礼法海德无邊
毀譽不動如須彌　於善不善等以慈
心行平等如虛空　孰聞人寶不敬承
今奉世尊此微蓋　於中現我三千界
諸天龍神所居宮　揵闥婆等及夜叉
悉見世間諸所有　十力哀現是化變
衆覩希有皆歎佛　今我稽首三界尊
大聖法王衆所歸　淨心觀佛靡不欣
各見世尊在其前　斯則神力不共法
佛以一音演說法　衆生隨類各得解
皆謂世尊同其語　斯則神力不共法
佛以一音演說法　衆生各各隨所解

普得受行獲其利　斯則神力不共法
佛以一音演說法　或有恐畏或歡喜
或生厭離或斷疑　斯則神力不共法
稽首十力大精進　稽首已得无所畏
稽首住於不共法　稽首一切大導師
稽首能斷衆結縛　稽首已到於彼岸
稽首能度諸世間　稽首永離生死道
悉知衆生來去相　善於諸法得解脫
不著世間如蓮華　常善入於空寂行
達諸法相无罣礙　稽首如空無所依
尒時長者子寶積說此偈已白佛言世尊是
五百長者子皆已發阿耨多羅三藐三菩提
心願聞得佛國土清淨唯願世尊說諸菩薩
淨土之行佛言善哉寶積乃能為諸菩薩問

BD01002　維摩詰所說經卷上

淨土之行佛言善哉寶積乃能為諸菩薩問
於如來淨土之行諦聽諦聽善思念之當為
汝說於是寶積及五百長者子受教而聽佛
言寶積衆生之類是菩薩佛土所以者何菩
薩隨所化衆生而取佛土隨所調伏衆生而
取佛土隨諸衆生應以何國入佛智慧而取
佛土隨諸衆生應以何國起菩薩根而取佛
土所以者何菩薩取於淨國皆為饒益諸衆
生故譬如有人欲於空地造立宮室隨意无
礙若於虛空終不能成菩薩如是為成就衆
生故願取佛國願取佛國者非於空也寶積
當知直心是菩薩淨土菩薩成佛時不諂衆
生來生其國深心是菩薩淨土菩薩成佛時
具足功德衆生來生其國大乘心是菩薩淨

土菩薩成佛時大乘眾生來生其國布施是
菩薩淨土菩薩成佛時一切能捨眾生來生
其國持戒是菩薩淨土菩薩成佛時行十善
道滿願眾生來生其國忍辱是菩薩淨土菩
薩成佛時三十二相莊嚴眾生來生其國精
進是菩薩淨土菩薩成佛時勤脩一切功德眾
生來生其國禪定是菩薩淨土菩薩成佛時
攝心不亂眾生來生其國智慧是菩薩淨土
菩薩成佛時正定眾生來生其國四无量心
是菩薩淨土菩薩成佛時成就慈悲喜捨眾
生來生其國四攝法是菩薩淨土菩薩成佛
時解脫所攝眾生來生其國方便是菩薩淨
土菩薩成佛時於一切法方便无礙眾生來
生其國卅七道品是菩薩淨土菩薩成佛時

BD01002　維摩詰所説經卷上

生其國卅七道品是菩薩淨土菩薩成佛時
念處正勤神足根力覺道衆生来生其國迴
向心是菩薩淨土菩薩成佛時得一切具足
功德國土說除八難是菩薩淨土菩薩成佛
時國土无有三惡八難自守戒行不譏彼闕
是菩薩淨土菩薩成佛時國土无有犯禁
之名十善是菩薩淨土菩薩成佛時命不中
夭大富梵行所言誠諦常以軟語眷屬不離
善和諍訟言必饒益不嫉不恚正見衆生来
生其國如是寶積菩薩隨其直心則能發行
隨其發行則得深心隨其深心則意調伏隨
意調伏則如說行隨如說行則能迴向隨其
迴向則有方便隨其方便則成就衆生隨成
就衆生則佛土淨隨佛土淨則說法淨隨說

法淨則智慧淨隨智慧淨則其心淨隨其
心淨則一切功德淨是故寶積若菩薩欲得
淨土當淨其心隨其心淨則佛土淨
尒時舍利弗承佛威神作是念若菩薩心淨
則佛土淨者我世尊本為菩薩時意豈不
淨而是佛土不淨若此佛知其念即告之言於
意云何日月豈不淨邪而盲者不見對曰不
也世尊是盲者過非日月咎舍利弗衆生罪
故不見如來佛國嚴淨非如來咎舍利弗我
見此土清淨而汝不見尒時螺髻梵王語舍利
弗勿作是意謂此佛土以為不淨所以者何我
見釋迦牟尼佛土清淨譬如自在天宮舍利
弗言我見此土丘陵坑坎荊蕀沙礫土石諸
山穢惡充滿螺髻梵言仁者心有高下不依

BD01002　維摩詰所説經卷上

山穢惡充滿螺髻梵言仁者心有高下不依
佛慧故見此土為不淨耳舍利弗菩薩於一
切衆生悉皆平等深心清淨依佛智慧則
能見此佛土清淨於是佛以足指案地即時
三千大千世界若干百千珍寶嚴飾譬如寶
莊嚴佛无量功德寶莊嚴土一切大衆歎未曾
有而皆自見坐寶蓮華佛告舍利弗汝且觀
是佛土嚴淨舍利弗言唯然世尊本所不見
本所不聞今佛國土嚴淨悉現佛語舍利弗
我佛國土常淨若此為欲度斯下劣人故示
是衆惡不淨土耳譬如諸天共寶器食隨其
福德飯色有異如是舍利弗若人心淨便見
此土功德莊嚴當佛現此國土嚴淨之時
寶積所將五百長者子皆得无生法忍八萬四

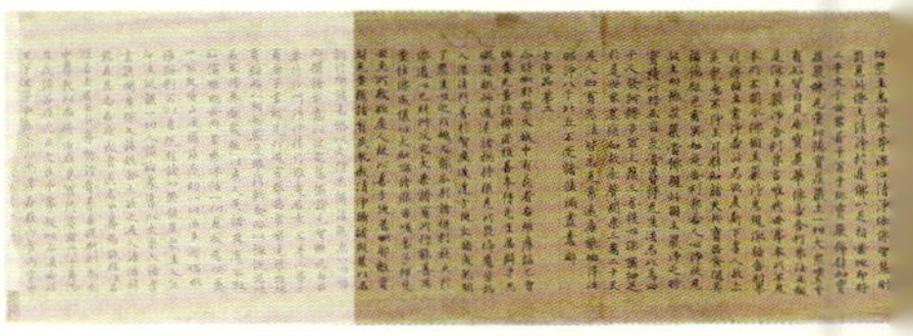

千人發阿耨多羅三藐三菩提心佛攝神足
於是世界還復如故求聲聞乘三萬二千天
及人知有為法皆悉无常遠塵離垢得法
眼淨八千比丘不受諸法漏盡意解

方便品第二

尒時毗耶離大城中有長者名維摩詰已曾
供養无量諸佛深植善本得无生忍辯才无
礙遊戲神通逮諸揔持獲无所畏降魔勞怨
入深法門善於智度通達方便大願成就明
了衆生心之所趣又能分別諸根利鈍久於
佛道心已純淑決定大乘諸有所作能善思
量住佛威儀心大如海諸佛咨嗟弟子釋梵
世主所敬欲度人故以善方便居毗耶離資
財无量攝諸貧民奉戒清淨攝諸毀禁以忍

世主所敬欲度人故以善方便居毗耶離資
財无量攝諸貧民奉戒清淨攝諸毀禁以忍
調行攝諸恚怒以大精進攝諸懈怠一心禪
寂攝諸亂意以決定慧攝諸无智雖為白衣
奉持沙門清淨律行雖處居家不著三界示
有妻子常脩梵行現有眷屬常樂遠離雖服
寶飾而以相好嚴身雖復飲食而以禪悅為味
若至博弈戲處輒以度人受諸異道不毀
正信雖明世典常樂佛法一切見敬為供養
中最執持正法攝諸長幼一切治生諧偶雖
獲俗利不以喜悅遊諸四衢饒益眾生入治
正法救護一切入講論處導以大乘入諸學
堂誘開童蒙入諸婬舍示欲之過入諸酒肆
能立其志若在長者長者中尊為說勝法若

在居士居士中尊斷諸貪著若在剎利剎利
中尊教以忍辱若在婆羅門婆羅門中尊除
其我慢若在大臣大臣中尊教以正法若在
王子王子中尊宗以忠孝若在內官內官中

BD01003 **金剛般若波羅蜜經**

（後秦）鳩摩羅什 譯

BD01003v **雜寫**

290cm × 26cm

說一切衆生則非衆生須菩
來是真語者實語者如語者不誑語者不
異語者須菩提如來所得法此法无實无虛
須菩提若菩薩心住於法而行布施如人入
闇則无所見若菩薩心不住法而行布施如
人有目日光明照見種種色須菩提當來之
世若有善男子善女人能於此經受持讀誦
則爲如來以佛智慧悉知是人悉見是人皆
得成就无量无邊功德
須菩提若有善男子善女人初日分以恒河
沙等身布施中日分復以恒河沙等身布施
後日分亦以恒河沙等身布施如是无量百
千万億劫以身布施若復有人聞此經典信
心不逆其福勝彼何況書寫受持讀誦爲人

解說須菩提以要言之是經有不可思議不
可稱量无邊功德如來為發大乘者說為發
最上乘者說若有人能受持讀誦廣為人說
如來悉知是人悉見是人皆得成就不可量
不可稱无有邊不可思議功德如是人等則
為荷擔如來阿耨多羅三藐三菩提何以故
須菩提若樂小法者著我見人見衆生見壽
者見則於此經不能聽受讀誦為人解說須
菩提在在處處若有此經一切世間天人阿
脩羅所應供養當知此處則為是塔皆應
恭敬作礼圍繞以諸華香而散其處
復次須菩提若善男子善女人受持讀誦此
經若為人輕賤是人先世罪業應墮惡道以
今世人輕賤故先世罪業則為消滅當得阿

經若為人輕賤是人先世罪業應墮惡道以
今世人輕賤故先世罪業則為消滅當得阿
耨多羅三藐三菩提須菩提我念過去无量
阿僧祇劫於然燈佛前得值八百四千万億
那由他諸佛悉皆供養承事无空過者若復
有人於後末世能受持讀誦此經所得功德
於我所供養諸佛功德百分不及一千万億
分乃至算數譬喻所不能及須菩提若善男
子善女人於後末世有受持讀誦此經所得
功德我若具說者或有人聞心則狂亂狐疑
不信須菩提當知是經義不可思議果報亦
不可思議
尒時須菩提白佛言世尊善男子善女人發
阿耨多羅三藐三菩提心云何應住云何降
伏其心佛告須菩提善男子善女人發阿耨

多羅三藐三菩提者當生如是心我應滅度
一切衆生滅度一切衆生已而无有一衆生
實滅度者何以故若菩薩有我相人相衆生
相壽者相則非菩薩所以者何須菩提實无
有法發阿耨多羅三藐三菩提者須菩提於
意云何如來於然燈佛所有法得阿耨多羅
三藐三菩提不不也世尊如我解佛所說義
佛於然燈佛所无有法得阿耨多羅三藐三
菩提佛言如是如是須菩提實无有法如來
得阿耨多羅三藐三菩提須菩提若有法如
來得阿耨多羅三藐三菩提者然燈佛則不
與我受記汝於來世當得作佛号釋迦牟尼
以實无有法得阿耨多羅三藐三菩提是故
然燈佛與我受記作是言汝於來世當得作

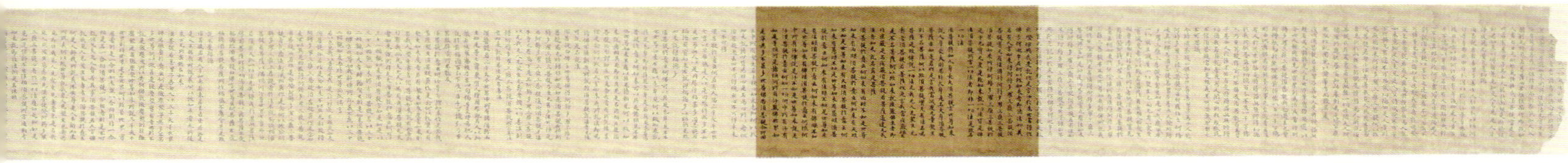

以實无有法得阿耨多羅三藐三菩提是故
然燈佛與我受記作是言汝於來世當得作
佛号釋迦牟尼何以故如來者即諸法如義
若有人言如來得阿耨多羅三藐三菩提須
菩提實无有法佛得阿耨多羅三藐三菩提
須菩提如來所得阿耨多羅三藐三菩提於
是中无實无虛是故如來說一切法皆是佛
法須菩提所言一切法者即非一切法是故名
一切法
須菩提譬如人身長大須菩提言世尊如來
說人身長大則為非大身是名大身須菩提
菩薩亦如是若作是言我當滅度无量衆生
則不名菩薩何以故須菩提實无有法名為
菩薩是故佛說一切法无我无人无衆生无
壽者須菩提若菩薩作是言我當莊嚴佛土

是不名菩薩何以故如來說庄嚴佛土者即
非庄嚴是名庄嚴須菩提若菩薩通達无我
法者如來說名真是菩薩
須菩提於意云何如來有肉眼不如是世尊
如來有肉眼須菩提於意云何如來有天眼
不如是世尊如來有天眼須菩提於意云何
如來有慧眼不如是世尊如來有慧眼須菩
提於意云何如來有法眼不如是世尊如來
有法眼須菩提於意云何如來有佛眼不如
是世尊如來有佛眼須菩提於意云何恒河
中所有沙佛說是沙不如是世尊如來說是
沙須菩提於意云何如一恒河中所有沙有
如是等恒河是諸恒河所有沙數佛世界如
是寧為多不甚多世尊佛告須菩提尒所國

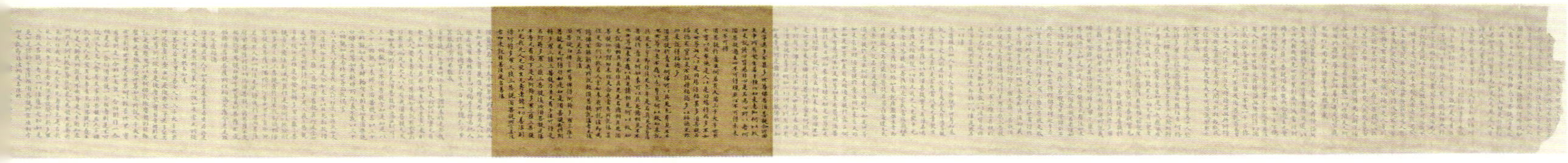

是寧為多不甚多世尊佛告須菩提尒所國
土中所有衆生若干種心如来悉知何以故
如来說諸心皆為非心是名為心所以者何
須菩提過去心不可得現在心不可得未来
心不可得
須菩提於意云何若有人滿三千大千世界
七寶以用布施是人以是因緣得福多不如
是世尊此人以是因緣得福甚多須菩提若
福德有實如来不說得福德多以福德无故
如来說得福德多
須菩提於意云何佛可以具足色身見不不
也世尊如来不應以色身見何以故如来說
具足色身即非具足色身是名具足色身須
菩提於意云何如来可以具足諸相見不不

世尊如来不應以具足諸相見何以故如
来說諸相具足即非具足是名諸相具足須
菩提汝勿謂如来作是念我當有所說法莫
作是念何以故若人言如来有所說法即為
謗佛不能解我所說故須菩提說法者无法
可說是名說法
須菩提白佛言世尊佛得阿耨多羅三藐三
菩提為无所得邪如是如是須菩提我於阿
耨多羅三藐三菩提乃至无有少法可得是
名阿耨多羅三藐三菩提復次須菩提是法
平等无有高下是名阿耨多羅三藐三菩提
以无我无人无衆生无壽者脩一切善法則
得阿耨多羅三藐三菩提須菩提所言善法
者如来說非善法是名善法

者如来說非善法是名善法
須菩提若三千大千世界中所有諸須弥山
王如是等七寶聚有人持用布施若人以此
般若波羅蜜經乃至四句偈等受持為他人
說於前福德百分不及一百千万億分乃至
筭數譬喻所不能及
須菩提於意云何汝等勿謂如来作是念我
當度衆生須菩提莫作是念何以故實无有
衆生如来度者若有衆生如来度者如来則
有我人衆生壽者須菩提如来說有我者則
非有我而凡夫之人以為有我須菩提凡夫
者如来說則非凡夫須菩提於意云何可以
三十二相觀如来不須菩提言如是如是以
三十二相觀如来佛言須菩提若以三十

二相觀如來者轉輪聖王則是如來須菩提
白佛言世尊如我解佛所說義不應以三十
二相觀如來尒時世尊而說偈言
若以色見我　以音聲求我　是人行邪道　不能見如來
須菩提汝若作是念如來不以具足相故得
阿耨多羅三藐三菩提須菩提莫作是念如
來不以具足相故得阿耨多羅三藐三菩提
須菩提汝若作是念發阿耨多羅三藐三菩
提者說諸法斷滅相莫作是念何以故發阿
耨多羅三藐三菩提者於法不說斷滅相須
菩提若菩薩以滿恒河沙等世界七寶布施
若復有人知一切法无我得成於忍此菩薩
勝前菩薩所得功德須菩提以諸菩薩不受
福德故須菩提白佛言世尊云何菩薩不受

福德故須菩提白佛言世尊云何菩薩不受
福德須菩提菩薩所作福德不應貪著是故
說不受福德
須菩提若有人言如来若来若去若坐若卧是
是人不解我所說義何以故如来者无所從
来亦无所去故名如来
須菩提若善男子善女人以三千大千世界
碎為微塵於意云何是微塵衆寧為多不甚
多世尊何以故若是微塵衆實有者佛則不
說是微塵衆所以者何佛說微塵衆則非微
塵衆是名微塵衆世尊如来所說三千大千
世界則非世界是名世界何以故若世界實
有者則是一合相如来說一合相則非一合
相是名一合相須菩提一合相者則是不可

說但凡夫之人貪著其事須菩提若人言佛
說我見人見衆生見壽者見須菩提於意云
何是人解我所說義不世尊是人不解如來
所說義何以故世尊說我見人見衆生見壽者
見即非我見人見衆生見壽者見是名我
見人見衆生見壽者見須菩提發阿耨多羅
三藐三菩提心者於一切法應如是知如是
見如是信解不生法相須菩提所言法相者
如來說即非法相是名法相
須菩提若有人以滿无量阿僧祇世界七寶
持用布施若有善男子善女人發菩薩心者
持於此經乃至四句偈等受持讀誦為人演
說其福勝彼云何為人演說不取於相如如
不動何以故
一切有為法如夢幻泡影如露亦如電應作如是觀

不動何以故
一切有為法如夢幻泡影如露亦如電應作如是觀
佛說是經已長老須菩提及諸比丘比丘尼優
婆塞優婆夷一切世間天人阿脩羅聞佛所
說皆大歡喜信受奉行

金剛波若羅蜜經

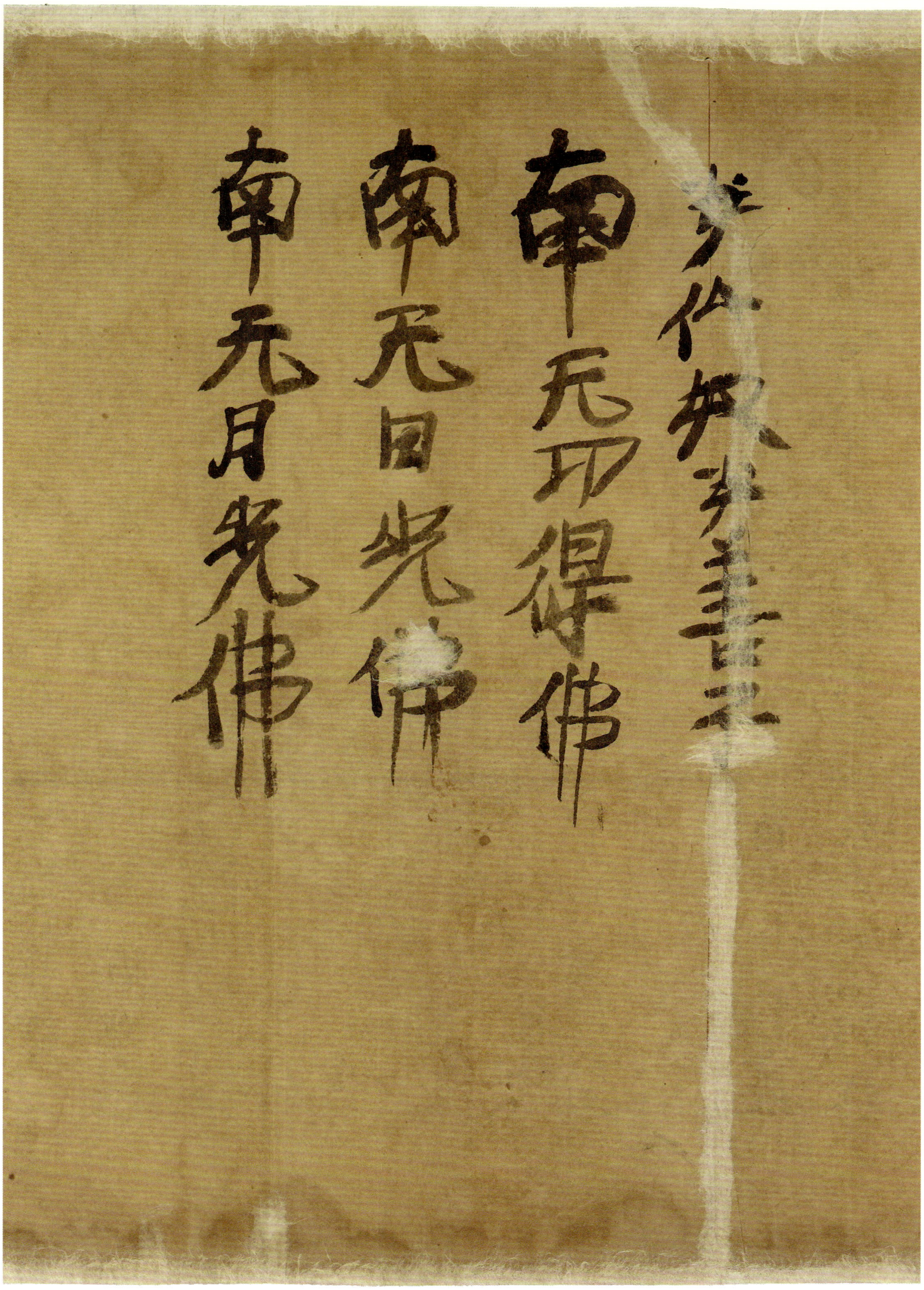

BD01003v　雜寫

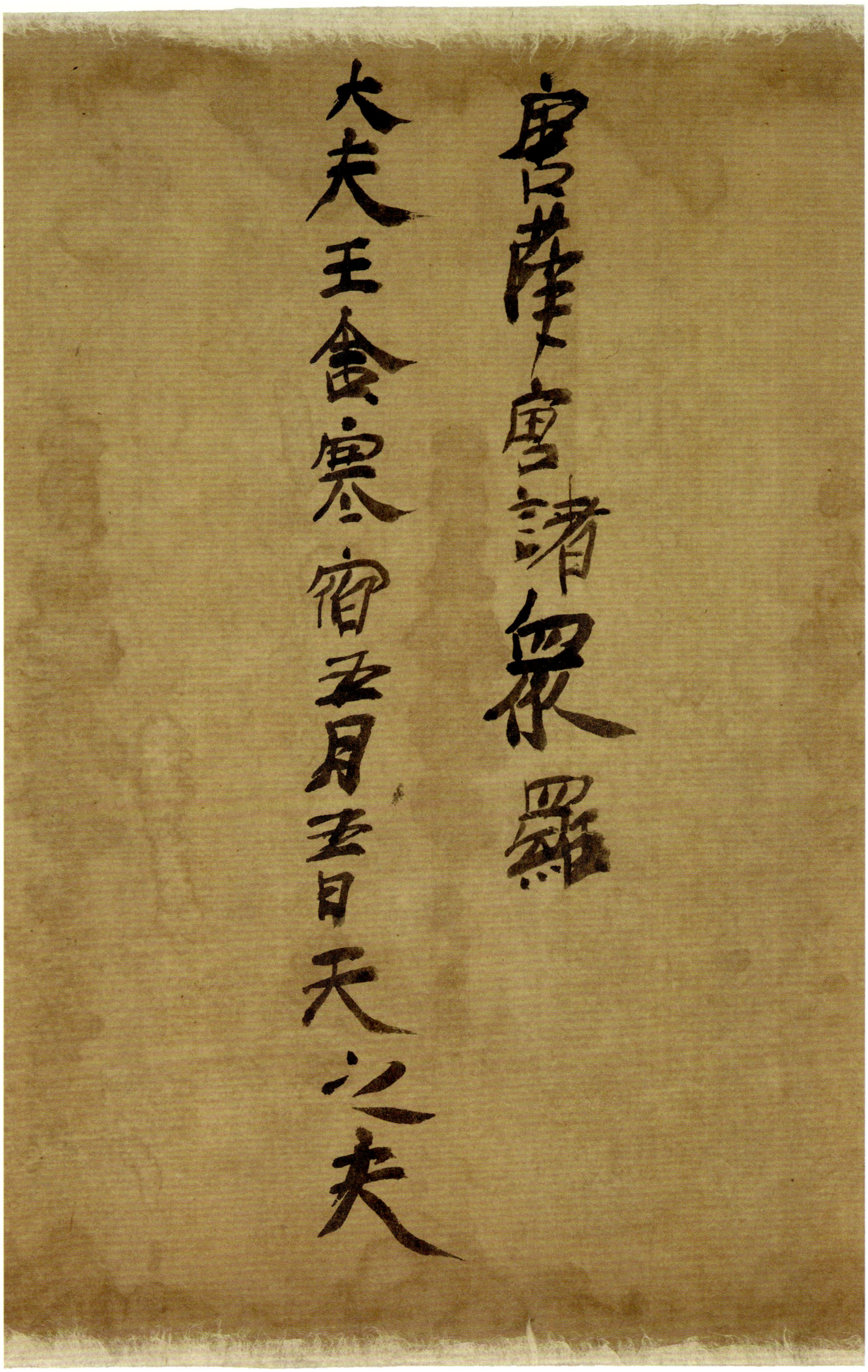

菩薩菩諸衆羅
大夫王舍寒宿五月五日天之夫

BD01003v　雜寫

BD01004

金剛般若波羅蜜經

（後秦）鳩摩羅什 譯

277.3cm × 26cm

廣爲人說如來
有成就不可量不可
思議功德如是人等則爲荷
擔如來阿耨多羅三藐三菩提何以故須菩
提若樂小法者著我見人見衆生見壽者
見則於此經不能聽受讀誦爲人解說須菩
提在在處處若有此經一切世間天人阿脩羅
所應供養當知此處則爲是塔皆應恭敬作
禮圍遶以諸華香而散其處
復次須菩提善男子善女人受持讀誦此經
若爲人輕賤是人先世罪業應墮惡道以今
世人輕賤故先世罪業則爲消滅當得阿耨
多羅三藐三菩提須菩提我念過去无量阿
僧祇劫於然燈佛前得值八百四千万億那

由他諸佛悉皆供養承事无空過者若復有
人於後末世能受持讀誦此經所得功德於
我所供養諸佛功德百分不及一千万億分
乃至筭數譬喻所不能及須菩提若善男子
善女人於後末世有受持讀誦此經所得功
德我若具說者或有人聞心則狂亂狐疑不
信須菩提當知是經義不可思議果報亦
不可思議
尒時須菩提白佛言世尊善男子善女人發
阿耨多羅三藐三菩提心云何應住云何降伏
其心佛告須菩提善男子善女人發阿耨多
羅三藐三菩提者當生如是心我應滅度一
切衆生滅度一切衆生已而无有一衆生實
滅度者何以故若菩薩有我相人相衆生

滅度者何以故若菩薩有我相人相衆生
相壽者相則非菩薩所以者何須菩提實
无有法發阿耨多羅三藐三菩提者
須菩提於意云何如来於然燈佛所有法得
阿耨多羅三藐三菩提不不也世尊如我解
佛所說義佛於然燈佛所无有法得阿耨多
羅三藐三菩提佛言如是如是須菩提實无
有法如来得阿耨多羅三藐三菩提須菩提
若有法如来得阿耨多羅三藐三菩提者然
燈佛則不與我受記汝於来世當得作佛号
釋迦牟尼以實无有法得阿耨多羅三藐三
菩提是故然燈佛與我受記作如是言汝於来
世當得作佛号釋迦牟尼何以故如来者即

諸法如義若有人言如來得阿耨多羅三藐
三菩提須菩提實无有法佛得阿耨多羅三
藐三菩提須菩提如來所得阿耨多羅三藐
三菩提於是中无實无虛是故如來說一切法
皆是佛法須菩提所言一切法者即非一切
法是故名一切法
須菩提譬如人身長大須菩提言世尊如來
說人身長大則為非大身是名大身
須菩提菩薩亦如是若作是言我當滅度无
量衆生則不名菩薩何以故須菩提實无有
法名為菩薩是故佛說一切法无我无人无
衆生无壽者須菩提若菩薩作是言我當莊
嚴佛土是不名菩薩何以故如來說莊嚴佛
土者即非莊嚴是名莊嚴須菩提若菩薩

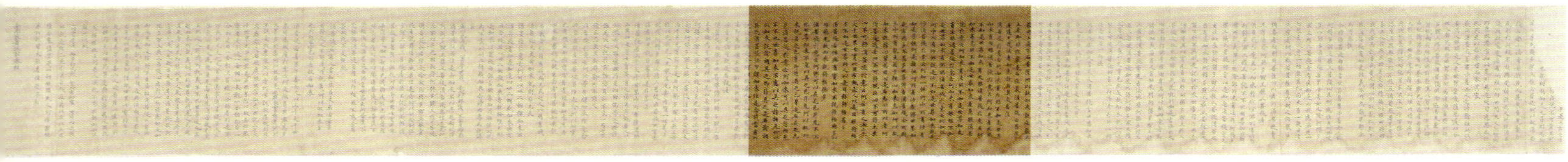

嚴佛土是不名菩薩何以故如來說莊嚴佛
土者即非莊嚴是名莊嚴須菩提若菩薩
通達无我法者如來說名真是菩薩
須菩提於意云何如來有肉眼不如是世尊
如來有肉眼須菩提於意云何如來有天眼
不如是世尊如來有天眼須菩提於意云何
如來有慧眼不如是世尊如來有慧眼須菩
提於意云何如來有法眼不如是世尊如來
有法眼須菩提於意云何如來有佛眼不如
是世尊如來有佛眼須菩提於意云何如恒
河中所有沙佛說是沙不如是世尊如來說是
沙須菩提於意云何如一恒河中所有沙有
如是等恒河是諸恒河所有沙數佛世界如
是寧為多不甚多世尊佛告須菩提尒所國
土中所有衆生若干種心如來悉知何以故

如來說諸心皆爲非心是名爲心所以者何
須菩提過去心不可得現在心不可得未來
心不可得須菩提於意云何若有人滿三千
大千世界七寶以用布施是人以是因緣得福
多不如是世尊此人以是因緣得福甚多
須菩提若福德有實如來不說得福德多以
福德无故如來說得福德多
須菩提於意云何佛可以具足色身見不不
也世尊如來不應以具足色身見何以故如
來說具足色身即非具足色身是名具足色
身須菩提於意云何如來可以具足諸相見
不不也世尊如來不應以具足諸相見何以
故如來說諸相具足即非具足是名諸相
具足須菩提汝勿謂如來作是念我當有所

具足須菩提汝勿謂如来作是念我當有所
說法莫作是念何以故若人言如来有所說
法即為謗佛不能解我所說故須菩提說
法者无法可說是名說法
須菩提白佛言世尊佛得阿耨多羅三藐
三菩提為无所得邪如是如是須菩提我於
阿耨多羅三藐三菩提乃至无有少法可得
是名阿耨多羅三藐三菩提復次須菩提是
法平等无有高下是名阿耨多羅三藐三菩
提以无我无人无衆生无壽者脩一切善法
則得阿耨多羅三藐三菩提須菩提所言善
法者如来說非善法是名善法
須菩提若三千大千世界中所有諸須弥
山王如是等七寶聚有人持用布施若人以

此般若波羅蜜經乃至四句偈等受持讀
誦為他人說於前福德百分不及一百千万
億分乃至筭數譬喻所不能及
須菩提於意云何汝等勿謂如來作是念
我當度衆生須菩提莫作是念何以故實
无有衆生如來度者若有衆生如來度者
如來則有我人衆生壽者須菩提如來說
有我者則非有我而凡夫之人以為有我
須菩提凡夫者如來說則非凡夫
須菩提於意云何可以卅二相觀如來不
須菩提言如是如是以卅二相觀如來佛言
須菩提若以卅二相觀如來者轉輪聖王則
是如來須菩提白佛言世尊如我解佛所說
義不應以卅二相觀如來尒時世尊而說偈

是如來須菩提白佛言世尊如我解佛所說
義不應以卅二相觀如來尒時世尊而說偈
言
若以色見我　以音聲求我　是人行邪道　不能見如來
須菩提汝若作是念如來不以具足相故得
阿耨多羅三藐三菩提須菩提莫作是念如
來不以具足相故得阿耨多羅三藐三菩提
須菩提汝若作是念發阿耨多羅三藐三菩
提者說諸法斷滅莫作是念何以故發阿耨
多羅三藐三菩提者於法不說斷滅相須
菩提若菩薩以滿恒河沙等世界七寶布施
若復有人知一切法无我得成於忍此菩薩
勝前菩薩所得功德須菩提以諸菩薩不
受福德故須菩提白佛言世尊云何菩薩不

受福德須菩提菩薩所作福德不應貪著
是故說不受福德
須菩提若有人言如來若來若去若坐
若卧是人不解我所說義何以故如來者
无所從來亦无所去故名如來
須菩提若善男子善女人以三千大千世
界碎為微塵於意云何是微塵衆寧為多
不甚多世尊何以故若是微塵衆實有者佛則
不說是微塵衆所以者何佛說微塵衆則非
微塵衆是名微塵衆世尊如來所說三千大
千世界則非世界是名世界何以故若世界
實有者則是一合相如來說一合相則非一
合相是名一合相須菩提一合相者則是不
可說但凡夫之人貪著其事須菩提若人言佛說

BD01004　金剛般若波羅蜜經

實有者則是一合相如來說一合相則非一
合相是名一合相須菩提一合相者則是不
可說但凡夫之人貪著其事須菩提若人言
佛說我見人見衆生見壽者見須菩提於意
云何是人解我所說義不不世世尊是人不
解如來所說義何以故世尊說我見人見衆
生見壽者見即非我見人見衆生見壽者見
是名我見人見衆生見壽者見須菩提發阿
耨多羅三藐三菩提心者於一切法應如是知
如是見如是信解不生法相須菩提所言法
相者如來說即非法相是名法相須菩提
若有人以滿无量阿僧祇世界七寶持用布
施若有善男子善女人發菩薩心者持於
此經乃至四句偈等受持讀誦爲人演說

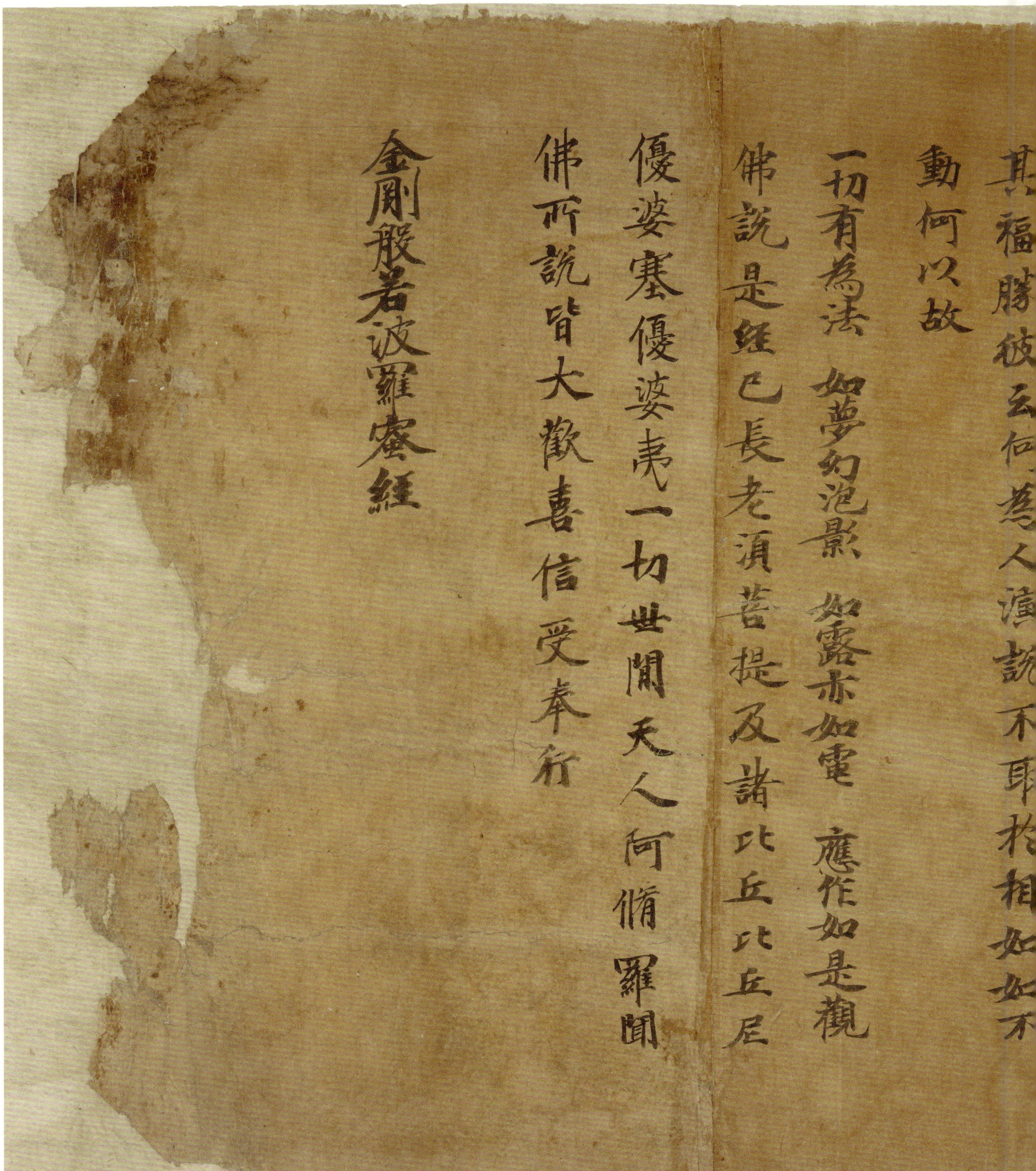
其福勝彼云何為人演說不取於相如如不
動何以故
一切有為法　如夢幻泡影　如露亦如電　應作如是觀
佛說是經已長老須菩提及諸比丘比丘尼
優婆塞優婆夷一切世間天人阿脩羅聞
佛所說皆大歡喜信受奉行
金剛般若波羅蜜經

BD01004　金剛般若波羅蜜經

BD01005　無量壽宗要經（甲本）

BD01005v　彌勒下生壁畫榜題（擬）

85.5cm × 31cm

持讀誦若廣之着居夜叉羅
勃底一阿波唎蜜哆二阿喻紇硯娜三須毗你
薩婆桑悉迦囉八波唎輸底九達磨底十伽迦娜十一莎
底十三摩訶娜耶十四波唎婆唎莎訶　若有自書寫教人書寫是无量
當命終時有九十九姟佛現其人前蒙千佛授[…]佛[…]莫於此經生
南謨薄伽勃底一阿波唎蜜哆二阿喻紇硯娜三須毗你[…]陁四囉佐耶五怛他
怛姪他唵七薩婆桑悉迦囉八波唎輸底九達磨底十伽迦娜十一莎訶其持迦底十二薩婆
毗輸底十三摩訶娜耶十四波唎婆唎莎訶　若有自書寫教人書寫是无量壽宗要經
受持讀誦當得四天大王隨其衛護陁羅尼曰　南謨薄伽勃底一阿波唎蜜哆二阿喻紇硯
娜三須毗你悉指陁四囉佐耶五怛他羯他耶六怛姪他唵七薩婆桑悉迦囉八波唎輸底九達磨底
伽迦娜十一莎訶其持迦底十二薩婆毗輸底十三摩訶娜耶十四波唎婆唎莎訶十五　若有自書寫
教人書寫是无量壽宗要經受持讀誦當得往生西方極樂世界阿弥陁淨土陁羅尼曰
南謨薄伽勃底一阿波唎蜜哆二阿喻紇硯娜三須毗你悉指陁四囉佐耶五怛他羯他耶六怛姪他唵
薩婆桑悉迦囉八波唎輸底九達磨底十伽迦娜十一莎訶其持迦底十二薩婆毗輸底十三摩訶
娜耶十四波唎婆唎莎訶十五　若有方所自書使人書寫是无量壽經典之處則為是塔

皆應恭敬作禮若是畜生鳥獸得聞是經如是等類皆當不久得成一切種智陀
羅尼曰 南謨薄伽勃底一阿波唎蜜哆二阿喻紇硯娜三須毗你悉指陀四囉佐耶五怛他羯他耶六怛
姪他唵七薩婆桑悉迦囉八波唎輸底九達磨底十伽迦娜十一莎訶其持迦底十二薩婆毗輸底
磨訶娜耶十四波唎婆唎莎訶十五 若有於是无量壽經自書寫若使人書畢竟不受女人
之身陀羅尼曰 南謨薄伽勃底一阿波唎蜜哆二阿喻紇硯娜三須毗你悉指陀四囉佐耶五怛他
羯他耶六怛姪他唵七薩婆桑悉迦囉八波唎輸底九達磨底十伽迦娜十一莎訶其持迦底
薩婆毗輸底十三摩訶娜耶十四波唎婆唎莎訶十五 若有能於是經少分能惠施
者等於三千大千世界滿中七寶布施陀羅尼曰 南謨薄伽勃底一阿波唎蜜哆二阿喻
紇硯娜三須毗你悉指陀四囉佐耶五怛他羯他耶六怛姪他唵七薩婆桑悉迦囉八波唎輸
底九達磨底十伽迦娜十一莎訶其持迦底十二薩婆毗輸底十三摩訶娜耶波唎婆唎莎訶
若有能供養是經者則是供養一切諸經等无有異陀羅尼曰 南謨薄伽勃底一阿波
唎蜜哆二阿喻紇硯娜三須毗你悉指陀四囉佐耶五怛他羯他耶六怛姪他唵七薩婆桑悉
迦囉八波唎輸底九達磨底十伽迦娜十一莎訶其持迦底十二薩婆毗輸底十三摩訶娜
耶十四波唎婆唎莎訶十五 如是毗婆尸佛 尸弃佛 毗舍浮佛 俱留孫佛 俱那含牟尼佛
迦葉佛 釋迦牟尼佛 若有人以七寶供養如是七佛其福有限書寫受持是无量
壽經典所有功德不可限量陀羅尼曰 南謨薄伽勃底一阿波唎蜜哆二阿喻紇硯娜三須

壽經典所有功德不可限量陁羅尼曰　南謨薄伽勃底一阿波唎蜜哆二阿喻紇硯娜三須
毗你悉指陁四囉佐耶五怛他羯他耶六怛姪他唵七薩婆桑悉迦囉八波唎輸底九達磨底
伽迦娜十一莎訶其持迦底十二薩婆毗輸底十三摩訶娜耶十四波唎婆唎莎訶十五　若有七寶
等於須弥以用布施其福上能知其限量是无量壽經典其福不可知數陁羅尼曰
南謨薄伽勃底一阿波唎蜜哆二阿喻紇硯娜三須毗你悉指陁四囉佐耶五怛他羯他耶六怛姪
他唵七薩婆桑悉迦囉八波唎輸底九達磨底十伽迦娜十一莎訶其持迦底十二薩婆毗
輸底十三　摩訶娜耶十四波唎婆唎莎訶十五　如是四大海水可知渧數是无量壽經典
所生果報不可數量陁羅尼曰　南謨薄伽勃底一阿波唎蜜哆二阿喻紇硯娜三須毗你悉
指陁四囉佐耶五怛他羯他耶六怛姪他唵七薩婆桑悉迦囉八波唎輸底九達磨底十伽迦娜十一
莎訶其持迦底十二薩婆毗輸底十三　摩訶娜耶十四波唎婆唎莎訶十五　若有自書使人書
寫是无量壽經典又能讓持供養即如恭敬供養一切十方佛土如來无有別異陁羅尼曰
南謨薄伽勃底一阿波唎蜜哆二阿喻紇硯娜三　須毗你悉指陁四囉佐耶五怛他羯他耶六怛姪他唵
薩婆桑悉迦囉八波唎輸底九達磨底十伽迦娜十一莎訶其持迦底十二　薩婆毗輸底十三
摩訶娜耶十四波唎婆唎莎訶十五　布施力能成正覺　悟布施力人師子　布施力能聲普
聞　慈悲皆漸最能入　持戒力能成正覺　悟持戒力人師子　持戒力能聲普聞

慈悲階漸最能入　忍辱力能成正覺　悟忍辱力人師子　忍辱力能聲普聞
慈悲階漸最能入　精進力能成正覺　悟精進力能師子　精進力能聲普聞　慈悲
階漸最能入　禪定力能成正覺　悟禪定力人師子　禪定力能聲普聞　慈悲階
漸最能入　智慧力能成正覺　悟智慧力人師子　智慧力能普聞　慈悲階漸最
能入　尒時如來說是經已一切世間天人阿脩羅揵闥婆等聞佛所說皆大歡喜信受
奉行

佛說无量壽宗要經

田廣談

其時無中女人五至於老一須
身從髻出而取信尋
出眾下 心
少[illegible] 萬四千歲得一千歲
彌勒世尊爲壤佉王[illegible]化說時
轉輪世王名曰壤佉
彌勒於當[illegible]三會說法第一大會度第九十三億[illegible]
會九十六億 第三會九十九億之類
自[illegible]
象寶 女寶 藏寶應現 珠寶 兵寶 馬寶 輪

BD01005v　彌勒下生壁畫榜題（擬）

圖書在版編目（CIP）數據

中國國家圖書館藏敦煌文獻．第六七册／中國國家圖書館編．—北京：國家圖書館出版社，2024.12

ISBN 978-7-5013-7989-7

Ⅰ．①中… Ⅱ．①中… Ⅲ．①敦煌學－文獻 Ⅳ．①K870.6

中國國家版本館CIP數據核字（2024）第036605號

書　　名	中國國家圖書館藏敦煌文獻・第六七册
著　　者	中國國家圖書館　編
項目統籌	魏　崇　殷夢霞
責任編輯	程魯潔　潘　竹　黄　鑫　苗文葉
責任校對	王　哲
出版發行	國家圖書館出版社（北京市西城區文津街7號　100034） （原書目文獻出版社　北京圖書館出版社） 010-66114536　63802249　nlcpress@nlc.cn（郵購）
網　　址	http://www.nlcpress.com
排版印裝	天津裕同印刷有限公司
版次印次	2024年12月第1版　2024年12月第1次印刷
開　　本	787×1092　1/8
印　　張	40.5
書　　號	ISBN 978-7-5013-7989-7
定　　價	2800.00圓